KB042569

테마파크 기획
실무자를 위한 가이드북

서정대 지음

박영사

테마파크의 산업적 매력 때문에 각 지자체마다 조성 붐이 일었던 적이 있다. 하지만 십 수 년이 지난 지금 보여주기식 행정의 사례로 여론의 역풍을 맞고 있는 것도 엄연한 현실이다.

파크 사업을 기획하고 프로젝트 매니저로 일을 시작했던 지난 일을 회상한다. 먹고 살기가 좋아져 우리 사회의 삶의 질을 추구하게 되면 무엇보다 일에 대한 자부심을 느낄 수 있을 것 같았다. 내가 참여해서 만들어진 어느 공간이나 시설에서 다른 누군가가 행복해 한다면 테마파크를 기획하고 만들어 가는 사람들이 누리는 가장 큰 보람이다. 개장식을 하면서 얼굴 가득 기대감과 행복한 미소를 보게 되면 그간의 수고가 한 번에 보상을 받게 된다.

하지만, 여러 지방자치단체가 시행착오를 거쳐 왔듯 한길을 걸어오면서 이 일을 하면 할수록 어렵다는 생각도 하게 된다. 게다가 아무리 노력하더라도 개인적으로 세대 간의 취향 저격[1]에 감각이 점점 무디어 가는 한계를 느끼고 있기 때문이다.

----

1 근시일 관광산업에서는 밀레니얼 세대가 주목을 받고 있다. 경제활동 진입 세대이지만, 향후 10년 내에 주 소비세대가 될 것이기 때문이다. 하지만, 취향이 다양하고 핫 아이템과 핫 플레이스의 주기가 짧아 관광사업과 관광시설 개발 측면에서는 타기팅이 쉽지 않다는 점도 유념해야 한다.

그럼에도 불구하고 테마, 콘텐츠의 선정부터 끊임없이 변화하는 트렌드 연구를 게을리할 수 없다. 직접 다녀보기도 하고 게다가 무엇이 매력적인지 때론 직관적으로라도 느껴보아야 한다. 느낀 것을 표현하고 만들어 내는 것은 그 다음이다. 커피 맛을 모르는 사람이 커피숍을 열겠다고 하는 것과 같다. 소위 테마파크의 관계자가 되려면 테마파크에서 놀 줄 알아야 한다.

필자가 책을 쓰고자 하는 동기는 여기서 시작하게 되었다. 전지 전능한 정답을 제시하는 것은 불가능하다. 오래전이지만 어떤 자리에서 나는 이런 질문을 받고 당황했었다. "그래서 무얼 하면 좋겠소?" 그렇게 확신 있게 말을 할 수 있다면 얼마나 좋겠는가! 그런 답을 바로 던질 수 있다면 그는 불세출의 전문가이거나 거짓말쟁이일 것이다. 정답은 "지금은 알 수 없습니다. 개인적인 의견을 드려도 그건 원하시는 답이 될 수 없습니다"가 솔직한 대답일 것이다. 게다가 한 술 더 떠서, "얼마면 할 수 있지요?" 묻는 분들도 계신다. 의사 판단하기에 중요한 관심사이긴 하겠지만 어느 수준의 퀄리티로 할지에 따라 사업비는 초기에 추정한들 아무 의미가 없다.

필자는 십 수 년간 여러 분야의 사람들과 일을 같이 하면서 참 아쉽다는 생각을 많이 해 왔다. 변변한 테마파크 개발 기획 관련한 실무 지침서 하나 없을까 하는 생각이다. 나도 처음부터 그런 책이 있었으면 도움을 많이 받았을 것이다. 시행착오도 줄였을 것이고 혼자 씨름하며 고민도 덜했을 것이고 가족과 쓸 시간이 많아졌을 테니 더 삶의 질도 나아졌으리라.

테마파크는 어떠한 산업인지 어떤 점들을 고려해야 하는지와 같은 가이드라인이라도 있다면 어느 누군가에 작은 힘이 되지 않을까 하는 착상에서 비롯되었다. 성공은 더욱 크게, 실패는 최소화할 수 있다면 하는 바람이다.

이 책에서 다루는 내용들은 그동안 실무 현장에서 경험하고 축적된 지식들로 대부분이 암묵지로 대학교 등 커리큘럼에서 접할 수 없는 것들이다. 테마파크 기획가에 대한 직업적 관심을 가지는 청소년, 누군가의 경험치로 의사결정과 사업적 오류를 최소화할 필요성을 지닌 조직이나 개인들, 특수한 분야의 설계에 대한 부담을 느끼는 디자이너들, 아는 만큼 보이고 즐길 수 있다는 믿음을 가진 테마파크 애호가들을 위한 다양한 내용들을 다루고 있다.

주차장이 얼마나 필요한가? 파크의 보행 이동로 폭은 얼마로 해야 적정한가? 놀이기구 등 어트랙션은 어떻게 구성해야 하는지 규칙이나 기준이 있는가? 파크 전체의 규모는 어떻게 결정되는가? 하다못해 화장실은 도대체 몇 개가 필요한가?

테마파크를 만드는 데는 익숙지 않은 수많은 기준Standard과 고려사항들이 있다. 어디 물리적인 기준만이겠는가? 인문학적인 기준이 더해지면 국가마다 조금씩 변용variation까지 되어야 한다.

힘들게 왜 이것을 고민하느냐고 반문할지도 모르겠다. 10미터면 될 동선 폭을 계산 착오로 20미터로 만들면 무슨 일이라도 생기는 것일까? 공간을 효율적으로 쓰지 못하는 낭비에 해당한다. 주차장이 항상 모자라 찾아오는 손님들이 파크에 입장하기 전에 녹초가 되어 버린다면? 테마파크를 기획하고 설계하고 만드는 사람들이라면 가볍게 여겨서는 안 된다. 이러한 오류들이 모여서 공간 전체의 비효율성과 오투자로 귀결될 수 있다. 필요한 곳에 더 쓸 수 있는 돈이 헛된 곳에 쓰이는 격이다.

　아주 깊은 전문적 내용은 아닐지라도 전문적인 일을 해나가는 데 방향성과 가이드라인을 제공하여 손에 쥐고 있으면 왠지 든든하고, 일반적인 테마파크 유저들의 수준에서는 한층 더 깊은 이해를 통해 방문과 이용이 더 즐거워질 수 있었으면 하는 것이 필자의 작은 바람이다. 더 나아가 테마파크 개발과 관련한 경험의 공유뿐만 아니라 많은 특수한 분야의 개발 노하우가 쏟아져 공유되면 좋겠다.

　독일에서 경험했던 일화를 나누고 싶다. 어느 오래된 성당 앞에 보도블록 공사가 한창이었다. 가까이 가서 보니, 몇 개의 돌이 깨어져서 블록들을 들어내고 평탄화 작업을 하고 그 깨진 돌을 동일한 모양의 다른 돌로 갈아 끼우고 있는 작업이었다. 게다가 이 돌들은 그 자체가 문화재로 분류되어 파손의 경우가 아니면 보호받고 있는 귀한 것들이었다. 엄청나게 쌓여 있는 모든 돌의 모양이 제각각이었다. 마치 퍼즐의 실사판 같은데 어떻게 작업이 가능할까?
　작업이 가능한 이유는 그 돌마다 고유 번호가 새겨져 있고, 이 돌들의 위치가 측량되어 도면화되어 있기 때문이었다. 작업자는 그 도면을 가지고 원위치시킬 수 있는 것이었다. 모든 경험이 가능한 수치화·도면화·매뉴얼화 된다는 독일답다는 생각을 했다.

흔히들 국영수가 강조되고 밤늦게 학원을 떠돌며, 경쟁적으로 살아남기 위한 시험에 청소년들이 몰두하고 있는 대학 졸업을 앞두거나 졸업해서도 안정적인 공무원 시험에 열광하는 우리 사회의 장래가 밝지는 않다고 모두가 공감할 것이다. 창의성이 그 사회에 충만하여지고, 창업이 꺼려지는 것이 아니라 유행이 되고 성공한 창업가와 기업이 새로운 사회의 부가가치를 창출하여 모두가 풍요로워지는 그런 날을 기대한다.

테마파크 관련한 일들은 매우 창의적이고 흥미진진한 일들이 많다. 더 많은 분이 참여하고 관심을 가지며 종사자들이 타인의 행복을 위해 일하는 큰 만족감과 보람을 느낄 수 있었으면 좋겠다.

차 례 Contents.

CHAPTER 05
테마파크의 특수성

CHAPTER 06
테마파크와 투자 구조: 기본 개념과 사례

CHAPTER 07
세부 프로젝트와 생각할 점

책을 마치며… 한국 관광산업에 대한 제언

CHAPTER 01

테마파크 업의 이해

테마파크 업의 이해

테마파크는 어떤 곳일까? 테마파크에 대한 다양한 학문적 정의가 있지만, 일정한 테마주제 하에서 비일상적 경험 가치를 느끼고 체험하게 하는 종합 엔터테인먼트 공간이라는 것으로 집약될 수 있다고 생각한다. 이를 좀 더 풀어서 설명해 보고자 한다.

① 비일상성

가장 중요한 첫 단추로 테마의 선정은 다분히 '비일상적'인 것을 전제하고 있다. 내가 살고 있는 일상의 주변을 재현한 곳에 비싼 돈을 지불하고 방문하고 싶은 사람은 드물 것이다. 개인적으로는 어렸을 적 추억이 담긴 초등학교 교실도 시간상의 비일상성을 가지고 있지만 많은 자본이 집약적으로 제공되고 사업비를 회수해야 하는 점을 고려할 때 불특정 다수가 향유할 테마로는 모자람이 있다.

② 테마의 선정

테마를 정할 때는 사업성을 고려하여 전체는 아닐지라도 최대한의 다수가 관심을 가지고 누릴 수 있는 주제를 선정하는 것이 좋다. 일부 지자체에서 그 지역의 신화, 인물, 특산품 등을 주제로 정하고 개발하지만 막상 운영하면 타 지역 사람들로부터 큰 호응을 받지 못하고 휴업, 폐장 등으로 애물단지가 되는 사례가 종종 있다. 근원적인 출발점부터 무언가 잘못된 것은 아닐까? 우리가 정한 주제가 우리 스스로만 좋아라 하는 주제가 아닐까 끊임없이 냉정하게 반문할 줄 알아야 한다. 오랜 시간 많은 사람들이 찾아주고 다시금 즐길 만한 안정성과 지속성을 가지는 테마인가를 생각해 보면, 어느 특정 소수의 취향을 반영한 테마나 주제는 적어도 피할 수 있다고 생각한다. 어느 기업 회장, 오너, 지방자치단체장 등 개인적인 전유공간으로 이용할 것이 아니라면 개인적 선호와 취향이 남들도 그러할 것이라는 편협에서 벗어나야 한다.

어떤 주제를 정해야 하는가에 관하여는 정답은 없다. 하지만, ① 보편적인 공유가능성, ② 누구나 알고 이미지를 떠올릴 수 있는 사전 인지도, ③ 이국적이거나 이색적인 비일상성, ④ 오랫동안 지속가능한 내구성 관점에서 냉정하게 평가해 볼 수는 있다.

테마주제는 다양하고 무궁무진하다. 시공간적인 차이로 정해지는 주제도 있다. 과거 어느 시대나 시점을 주제로 하면 역사가 테마가 되는 경우이고, 미래의 어느 시대나 시점을 주제로 상상하면 공상적 세계가 테마가 될 수 있다. 서부개척시대를 주제로 건축물의 테마를 입힌 디즈니랜드의 경우가 전자의 한 사례일 것이다.
미래의 실험적 도시Experimental Prototype Community of Tomorrow를 주제
로 하여 1982년에 오픈한 디즈니 테마파크 EPCOT도 좋은 예이다.

장소적인 비일상성의 구현으로 성공적인 주제를 정할 수도 있
다. 네덜란드의 튤립 등 대규모 서양식 정원을 주제로 하여 에버랜
드에서 선보인 가든은 이제 고양과 여수 등 전국에서 모방하여 지
역 축제와 연계되고 있다. 꽃이라는 자연적 소재는 대부분의 인간이
라면 좋아할 심미적인 요소를 담고 있어 무난한 테마이기 때문이다.
딱히 떠오르는 테마가 없다면 동물이나 식물 등 자연적인 소재를
규모감 있게 표현하는 것이 안전한 방법이 된다. 아무리 시대가 변
하여도 인간에게는 자연은 영원한 동경의 대상이고 안식처이기 때
문이다. 이처럼 테마파크 이용객이 일상을 벗어나 즐길 만한 이국적
건축이나 거리, 자연적 공간이 다양한 주제가 될 수 있다.

기존에 인식하고 있는 틀을 살짝 바꾸어 주는 것도 비일상적
요소가 되기도 한다. 친숙한 공간의 요소들을 과도하게 키우거나
축소시키는 혹은 왜곡하는 것도 가능하다. 거대한 두상이나 손,
아주 작아서 현미경으로만 볼 수 있게 축소된 세계나 장면, 반듯
하게 올려져야 익숙한 인공적 건물에 생물처럼 살아있는 듯 동화
처럼 곡선화시켜 친숙한 것을 깨뜨리는 것도 하나의 테마로 표현
될 수 있는 것이다.

한 가지 마지막으로 짚고 넘어가고 싶은 것은 테마의 내구성
측면이다. 한창 인기를 얻고 있는 주제와 그 콘텐츠라 이 점을 간

과하여 냉철한 평가를 거치지 않고 채택될 경우를 경계해야 한다. 세상의 트렌드는 수시로 변하고 흥망성쇠를 거듭한다. 지금 인기 있는 캐릭터나 영화가 과연 3~4년 뒤에도 그러할까? 테마파크 구상부터 오픈까지 빨라도 3~4년인데 완성될 때는 이미 한물간 주제가 될 수도 있다.

③ 종합 엔터테인먼트 공간

앞서 언급한 테마파크의 정의에 관한 내용 중에서 지금까지는 연출된 환경의 분위기를 느끼고 수용하는 관점만을 설명하였다. 좀 더 적극적으로 체험하게 하기 위해서 이와 연관된 다양한 시설들과 프로그램을 담아내면 금상첨화일 것이다. 사람들을 끌어 모으는 힘을 가지고 있다는 의미에서 어트랙션attraction이라고 총칭하는 롤러코스터 등의 라이드와 쇼, 그리고 거리공연, 이벤트 등이 연출된 테마공간에 적합하게 제공될 수 있다면 더욱 강력하고 매력적인 파크가 될 것이다.

매력적인 테마 주제의 선정, 그것을 풀어내기 위한 건축, 조경 등 환경적 연출, 필요하다면 여기에 걸맞은 주제곡theme music과 BGMBackground Music이나 BGSBackground Sound도[1] 차용[2]하거나 제작

----

1 BGM은 배경음악, BGS는 배경효과음으로 설명된다. 스위스의 산지마을에 요들송과 같은 선율이 있는 음악이 스위스 마을을 재현한 어느 공간에 송출되면 BGM의 한 사례가 되고, 사파리에서 숲 어딘가에서 사자의 울음소리가 나오고 야생을 실감하게 하는 목적으로 송출된다면 BGS의 한 예가 될 것이다.
2 테마파크에서 송출되는 음원들에 대하여는 자체 제작할 경우는 무관하지만, 차용해

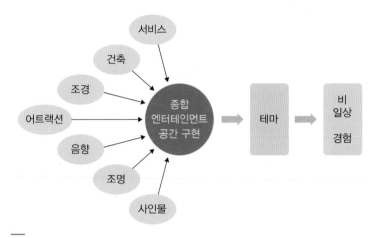

—
테마파크의 속성 다이어그램

하여 분위기를 잡아가면 좋을 것이고 여기에 더하여 가로등, 벤치, 연출소품 등 스트릿 퍼니쳐Street Furniture, 안내 사인물, 조명기구들, 바닥 색상과 질감까지도 테마에 맞게 제작되고 설치되어야 할 것이다.

　부대 매출시설인 상품점과 식음시설도 예외가 될 수 없다. 앞서 물리적 연출만 언급되었지만 근무하는 사람들3도 해당 테마에 어울리는 무대의상을 착용하고 행동과 서비스를 테마에 적합

서 쓸 경우 음악저작권에 해당하면 사용료를 지불해야 한다.
음악저작권 사용료의 지불액은 통상 다음 방식으로 산정될 수 있다.
= (입장료 수입 + 음악사용 놀이기구 이용료 수입) × (음악 사용료율) × 음악 저작물 관리비율
※ 음악 사용료율: 음악사용 기여도(고정비율, 협의로 결정)
※ 음악 저작물 관리비율: 사용하는 곡 중 저작권협회에 등록된 곡 수의 비율 = 저작권협회 관리 곡 수 ÷ 전체 사용 곡 수
3 디즈니랜드는 이러한 맥락에서 테마파크 근무자를 영화 속의 연기자라는 의미에서 캐스트(Cast)라고 부르고 있다.

하게 하여야 하는 인적 요소도 포함되어야 한다. 이런 맥락에서
테마파크를 공간, 사람, 오감듣고 보고 냄새맡고 맛보고 느끼는 모든 측면에
서 특정 테마를 연출하여 담아낸다는 개념에서 종합 엔터테인먼
트 시설이라고 부르게 된다.

ISSUE 01 흥미로운 테마파크의 태동 이야기

　테마파크 산업을 얘기할 때, 대부분의 사람들은 디즈니랜드를 떠올
릴 것이다. 이 분야에서 현재로서도 가장 성공적이고 후발주자인 유니
버설 스튜디오 테마파크와 함께 전 세계를 과점 형태로 양분하여 시장
을 지배하고 있는 곳이기 때문이다.

　우리가 오늘날 테마파크의 성지처럼 여기고 있는 디즈니랜드 테마파
크가 어떻게 탄생하게 되었는지 그 스토리가 흥미롭다. 가난한 만화가
월트 디즈니가 미키 마우스 시리즈를 애니메이션 영화로 제작하는 성
공을 이룬 뒤, 그는 유럽지역 여행을 하다가 덴마크의 티볼리(Tivoli) 파
크를 방문하게 되었다. 여느 여행자와는 달리 그는 거기서 큰 영감을
받았다고 한다. 티볼리 파크는 당시 유럽열강들이 앞 다퉈 해외 식민지
를 개척하고 확장하던 시기에 중국의 정원과 이국적 건축물을 공간에
조성하여 자국 덴마크 사람들에게 중국에 있는 듯한 분위기를 만끽하
게 하였는데 월트 디즈니는 자신의 만화세상을 물리적 현실공간에 만
드는 꿈을 꾸게 하였다고 한다.

　그리고 파리를 방문해서는 개선문을 중심으로 방사형으로 전개되어
도심의 중심을 통하여 어디로든 연결되는 형태4에서 후일 디즈니랜드

4　파리의 방사형 도심 구조는 잦은 시민혁명을 효과적으로 통제하기 위해 전제왕권기
　에 조성되었다는 것은 익히 아는 사실이다.

좌: 덴마크 코펜하겐의 티볼리 파크, 우: 프랑스 수도 파리

의 방사형 배치구조의 영감을 받았다고 한다.

　다시 미국으로 돌아온 월트 디즈니는 자신이 생각하는 테마파크의 청사진을 작업을 같이 해 온 지인들과 영감에 이끌려 만들어 내고 이를 실현하게 해 줄 투자가를 만나러 다녔지만 퇴짜 맞기 일쑤였다. 그러나 각고의 노력 끝에 오늘날 미국 내 가장 큰 은행 중 하나인 뱅크 오브 아메리카(BoA, Bank of America)에서 월트 디즈니의 꿈과 성공 가능성을 받아들여 투자하게 되었고 그곳은 LA 인근의 애너하임이었다. 무엇이든 처음하는 것은 어렵다. 당시를 상상해 보자. 웬 만화가가 청사진 도면[5]을 하나 들고 오더니 자신이 상상하는 만화 속 세상을 수조 원을 들여 만들고 싶다고 투자하라고 하면 어느 누가 선뜻 공감할 수 있을까? 월트 디즈니의 배짱과 꺾이지 않은 꿈이 대단하고 그것을 알아보고 투자를 결정한 미국 은행이 놀라울 뿐이다. 투자금은 넘쳐 나지만 투자처를 찾지 못하면서도 이미 포화상태인 아파트, 상가 개발 등 늘 해 봤던 곳만 투자하는 관행을 벗어나지 못하는 우리나라의 투자 상황을 생각하면 더욱 그렇다.

5　전체적인 개발 방향과 개념을 담은 것을 마스터 플랜(Master Plan)이라고 부른다.

월트 디즈니의 텔레비전 방송 출연 장면, 1954년

　1950년대에 미국 서부에서는 전 세계 최초로 테마파크를 개장하여 만화 속의 세상을 구경하는 첫 걸음마를 시작하게 되었다. 개장 초기의 분위기는 나름 성공적이었다고 한다. 포드 자동차를 타고 먼지 폴폴 날리는 사막 도로를 건너 당시로서는 고가의 입장료에도 불구하고 위조 티켓을 소지한 사람들까지 포함하여 기대 이상의 많은 사람들이 방문하였다. 식음료도 동나고 7월의 더운 여름 날씨에 여성들의 하이힐 굽이 아스팔트에 찍히고 마크 트웨인 증기선이 전복되는 등 우여곡절에도 불구하고 성공 가능성을 확인하기에 충분했다.

　월트 디즈니가 1966년에 운명을 달리 하였으나, 이러한 인기와 저력이 60년대에 플로리다에 대규모 테마파크 사업을 시작하고 80년대에는 해외 첫 체인 파크인 동경 디즈니랜드를 확장[6]하는 성장 동력이 되

6　동경만에 위치한 우라야스市는 1950년대 치바현 최대의 어업 생산기지였으나 해수오

좌: 초기 미키와 미니 캐릭터, 우: 1955년 7월 17일 개장일 항공사진

었다. 기존 유원지(amusement park, 놀이공원)와는 차별된 테마파크 시장을 개척하면서 엄청난 시장의 반응 덕분에 디즈니랜드는 오렌지 밭으로 뒤덮인 플로리다 오렌지카운티에 궁극의 테마파크 단지를 조성하기로 한다. 사업 진행 과정에는 플로리다 주정부와 해당 카운티 지방자치단체로부터 인허가와 행정적 서비스를 별도로 다룰 수 있는 관광특구 지정을 받는 등 파격적인 지원을 받았다.

　이후, 해외 진출 시에도 해당국가에 접근성 개선을 위한 인프라 지원(지하철, 고속도로 등), 공공의 지분 참여, 토지의 무상 제공 후 기부채납

염으로 인해 지역경제가 붕괴되었다. 이후 1959년에 테마파크유치를 결정하고 1981년 해수면 매립을 완료하며 1983년에 미국 외 최초의 디즈니랜드를 개장하였다. 성공적인 테마파크와 리조트 운영에 따라 2001년에는 그간의 파크 개발 및 운영 경험을 살려 자체모델인 디즈니 씨(Sea)를 추가로 개발 완료하였다.
동경 디즈니 리조트는 주식회사 오리엔탈랜드라는 일본 국내 자본으로 운영되고 미국 디즈니 본사에는 해외 라이선스 비용만 지불하는 사업구조로 파크 운영수익이 일본 국내에 선순환되는 성공 사례에 해당한다. 이후 미국 디즈니 본사는 다시는 일본과 같은 로열티 제공만하는 형태의 개발 참여를 하지 않겠다는 방침을 가지게 되고 유럽과 홍콩은 투자 지분 참여와 라이선스 로열티를 함께 수익으로 가져가는 사업구조를 전개하게 되었다.
동경도라는 수도권 배후 인구와 먹거리를 잃어버린 치바현 지방정부의 노력을 통해 인지도 높은 테마파크와 그 확장된 리조트 개발 성공으로 일본 최대의 관광지로 변모한 사례라고 할 수 있다.

혹은 장기 저리 임대 방식 등을 공공부문의 참여 조건으로 요구하고 있다. 전체 수익의 일정 비율을 IP7의 로열티로 가져가는 것은 별개로 요구된다. 이러한 조건으로 디즈니랜드는 일본 동경, 프랑스 파리, 홍콩, 중국 상하이 등 해외로 점차 사업영역을 확대해 나갔다. 명실상부하게 입장객, 매출에서 압도적 리딩 컴퍼니로 군림하고 있다.

ISSUE

02 글로벌 체인 테마파크의 유치

많은 국가들이 글로벌 체인 테마파크를 유치하고 싶어서 협상을 진행하고 있지만, 글로벌 테마파크 측의 콧대가 보통 높은 게 아니다. 갑 중의 갑이다. 협상이란 주고받을 카드가 서로에게 주어져 있을 때 성립한다. 이들은 수십 년간 해외진출 협상을 경험하면서 세팅된 유리한 조건을 던지는데 제시하고 당사자가 수용하지 못해도 그만이다. 해당 국가의 협상단에는 대안적 선택지가 없다. 중국은 파격적인 조건을 제시하여 거래를 성사시켰다. 공산국가 특유의 결단과 속도전으로 가능하게 하였다.

우리나라에도 하나쯤 있을 법하지만, 아직은 요원해 보인다. 관광 경쟁력 확보 차원에서 필요하다는 의견도 많지만 협상의 복잡성을 감안할 때 사업구조를 이해하고 리더십을 발휘할 정부 및 공공기관의 주체는 없다. 여러 가지 관광 기술들이 집약되고 선보일 수 있는 결정체로서 테마파크는 우리나라에서 성사만 된다면 여러 가지 유익을 가져다줄 것으로 확신한다.

글로벌 콘텐츠를 쓰기 위해서는 막대한 비용을 지불해야 한다. 그럼

7　IP는 Intellectual Property의 약자로 지적재산권의 보호를 받아 무단으로 사용할 수 없는 일체의 무형 자산을 의미한다.

에도 불구하고 테마파크 산업의 속성을 아는 국가나 투자기업은 디즈니랜드나 유니버설 스튜디오 계열의 체인 테마파크 유치를 선택하기도 한다. 일본의 경우 매우 성공적으로 관광시장에 자리 잡았다는 평을 듣고 있지만 모든 국가가 다 그렇지만은 않다. 일본의 경우 가처분소득도 높기도 하지만 제2차 세계대전 패전 이후 미국 영화와 문화를 일찍이 누리고 있었고 지인에게 선물을 나누는 독특한 문화로 인해 파크 입장료 외에도 부가 매출 비중[8]이 높다. 아울러 운영을 맡고 있는 캐스트 직원들도 친절하여 오히려 테마파크 사업의 원조(originality)국인 미국도 파크 운영 서비스는 역으로 배워야 할 정도로 좋은 서비스를 제공하고 있다.

값비싼 글로벌 체인 테마파크를 유치하기 위해서는
① 최소 1천만 명 이상의 배후인구,[9]
② 해당 콘텐츠에 대한 시장의 인기도와 수용 정도,
③ 대중교통을 포함한 양호한 접근성 확보 유무,
④ 비일상적 환경 연출과 방문객의 몰입이 가능한 주변 환경 적합성 등 여러 조건들이 충족되어야 한다.

디즈니의 경우 한국 진출을 한때 검토하였지만, 일본만큼이나 미키마우스 등 디즈니 계열의 캐릭터 수용성이 떨어진다는 보수적 의견이 제기되었다고 하고, 유니버설 계열의 경우 상대적으로 무비 콘텐츠를 한국 국민들이 즐겨 보므로 인지도는 높아 유리한 측면이 있으나 행정

----

8 테마파크의 주요 수입원은 입장티켓 수익, 직영 혹은 임대로 발생하는 상품 및 식음 매출, 그리고 기타 별도로 과금되는 특별한 체험 프로그램 이용료로 대별된다. 글로벌 체인 테마파크는 입장 티켓 가격이 높게 책정되면서도 상품 매력도도 높아 부가 매출 비중도 크다. 특히 일본의 경우는 상품 매출의 비중이 높다. 그러나 지역 기반의 로컬 테마파크(Local theme park)들은 입장 티켓 판매에 매출 의존성이 높다.
9 국가 관광 경쟁력 확보 차원에서 유치한 글로벌 체인 테마파크이라도 해당 지역의 지역민 방문과 재방문 이용 의존이 절대적이다.

부나 지방자치단체의 지원 조건 협상이 쉽지 않았다고 한다. 유치 소식을 정치계에서 공수표로 장기간 악용하기도 하여 글로벌 체인 테마파크 업계에서는 한국시장의 악명이 높기도 하다.

일본의 경우 동경 디즈니랜드(Disney Land)는 미국의 것을 이식(transplant)하였지만 십수년 간의 경험을 쌓아 쌍둥이 파크인 동경 디즈니시(Disney Sea)를 자체 기술력과 인력의 참여로 만들어 냈다. 실제로 당시 개발 프로젝트에 참여한 원로들을 만나 보면 테마파크에 대한 이해도와 내공이 상당하다. 숱한 시간 속에서 몸으로 체득하고 경험한 지식의 힘을 느낄 수 있었다.

일본의 관광 경쟁력을 이야기할 때, 흔히 전통 건축물을 잘 보존해 왔다는 관광자원 외에도 관광 종사자들의 친절과 배려 등 서비스 정신을 높이 평가한다. 사실 일본인들 스스로가 인정하듯이 두 번의 시민의식이 성숙한 계기가 있었다고 한다. 첫 번째는 패전으로 자괴감에 빠져 있던 일본인들에게 도쿄 올림픽의 개최가 가져온 일류 선진 시민의식

일본인들의 개발 참여 비중이 높았던, 동경 디즈니 Sea

의 갈망이고, 다음이 동경 디즈니랜드의 유치를 통해 알게 된 파크 운영과 서비스의 글로벌 표준이 타 관광산업 전반에 끼친 파급력이다.

우리나라 사람들도 물꼬만 트면 금방 배우고 시간이 지나면 청출어람하는 민족이다. 상상해 보라. 수조 원의 해외 테마파크가 조성되는 과정에 건설, 엔지니어, IT, 서비스 등 수많은 분야의 우리나라 사람들이 참여하면서 노랑머리 사람들의 어깨너머로 배우고 익히며 새로운 시장과 비즈니스에 눈을 뜨는 그런 상황을. 단 한 번의 그 기회가 열리게 된다면 곧 우리의 것으로 재창조하여 역으로 세계에 관광자원과 기술을 수출하는 그런 나라가 될 것이라고 자신한다. 자동차, 선박, 반도체, TV 패널 등 언제나 후발 주자로 시작하였지만 세계인들을 놀라게 하고 있지 않은가!

ISSUE

03 강력한 IP 콘텐츠와 구현 가능성

테마파크의 성공 요소 중 하나는 전체 테마를 아우르는 강력한 콘텐츠의 확보 여부에 달렸다고 해도 과언이 아니다. 앞서 디즈니랜드의 경우 당시 인기 절정의 미키마우스[10] 시리즈가 미국 국민들의 사랑을 받고 있었고 뒤이어 디즈니랜드의 성공을 지켜보던 유니버설 스튜디오 테마파크도 헐리웃 무비라는 강력한 콘텐츠를 어트랙션에 적용하면서 성공을 이끌었다.

----

10 미키 마우스(Mickey Mouse)는 월트 디즈니로부터 1928년 11월에 가상의 세계에서 탄생하였다. 초기에는 증기선 윌리 등 악동에 가까웠지만, 해를 거듭할수록 세련되고 다른 친구들을 이해심 있게 품어주는 착한 캐릭터로 성장하고 있다. 디즈니는 해마다 캐릭터 파워와 인지도를 유지하기 위해서 미키와 친구들에 막대한 투자를 하고 있다. 미키 마우스는 2020년 기준으로 92세를 맞이하였다.

물론 어떤 독자는 이렇게 얘기할 수도 있겠다. 우리나라도 에버랜드, 롯데월드가 있다고. IP 파크와 아닌 곳의 차이점은 이렇게 생각해 보면 된다. 모르는 외국인에게 여러분은 에버랜드와 롯데월드를 어떻게 설명할 것인가? 파크 이름을 얘기했을 때 대화하는 사람이 '아~ 거기!'라고 떠올리지 못하고, 동물원도 있고 무슨 무슨 어트랙션도 있고 꽃 정원도 있고… 계속 무언가를 설명해 주어야 한다면 그건 IP 파크라고 할 수 없다. 유사한 놀이공원들이 자기 나라에도 있어 인지적으로 혼란을 겪기 때문이다.

분명 강력한 콘텐츠를 활용할 수만 있다면 사업의 성공가능성을 한층 높일 수 있다는 것은 자명한 사실이다. 그렇다면 강력한 IP 콘텐츠를 사용할 수 없다면 어떻게 해야 할까? 지적재산권의 적용을 받지 않는 콘텐츠의 활용이 그 대안이 될 것이다. 자연 환경, 특정 시대의 건축 양식, 안데르센 동화나 이솝 우화 등 제한적이긴 하지만 검토될 수 있을 것이다. 디즈니나 유니버설 스튜디오급은 아니더라도 다른 IP를 다소 저렴한 비용으로 쓰는 것도 생각해 볼 수 있다.

그렇다 하더라도, 짚어주고 싶은 내용이 있다. 디즈니랜드와 유니버설 스튜디오 계열의 IP 사용이 매우 비싼 이유는 이들은 자신들의 콘텐츠를 어트랙션으로 실제 개발하여 곳곳에 설치하고 운영하였다는 점이다. 한때 우리나라에서 21세기 폭스나 파라마운트 등 영화 테마파크가 회자되었지만 그 영화사들은 말 그대로 영화 콘텐츠를 IP로 제공만 하는 것이지 그것을 어트랙션으로 풀어내 제작하는 것은 개발자의 몫이다. 여기서 문제는 자본이 투여된다고 해서 단순히 롤러코스터에 꾸밈 정도를 넘어서 화제성 있는 마스터피스(masterpiece) 어트랙션을 만들어 낼 재간이 있느냐는 별개의 문제이다.

테마파크 산업은 어트랙션 제작에 있어 다양한 신기술을 집약하여 선보이는 일종의 박람회장 같은 역할을 한다. 디즈니-픽사 필름의 영화

IP 콘텐츠의 빈부 격차

'벅스 라이프'를 입체 안경을 도입하여 1998년에 극장형 어트랙션(It's tough to be a bug)에 활용한 경우나 자동차 조립공장의 자동화 로봇 시스템을 차용하여 실내공간에서 이리저리 이동하며 영화의 주요 장면을 체험하는 듯한 즐거움을 주는 유니버설 스튜디오 파크의 Spiderman 어트랙션,11 최근에는 Virtual Reality(가상현실) 혹은 Augmented Reality (증강현실) 기술을 활용하고 모션 베이스(Motion base)로 실감을 배가시킨 유니버설 스튜디오 파크의 해리포터와 디즈니 애니멀 킹덤의 아바타12

11　스파이더맨 더 라이드는 실내의 스튜디오형 라이드의 하나다. 실내 건축물에 설치 되는 어트랙션이라는 의미로 Dark Ride 어트랙션이라고 부른다.

12　유니버설 스튜디오의 해리포터와 디즈니의 아바타는 그간의 단일 어트랙션이 가지 고 있던 투자비의 개념을 완전히 뒤집어 놓았다. 통상 4~7개의 하부 존(sub zone) 으로 구성되는 테마파크에서 단일존의 핵심 어트랙션(killer 혹은 anchor 어트랙션) 개발에 양사간 3~5천억 원을 경쟁적으로 투자하였는데 이는 중소형 지역(local) 테 마파크를 전체 조성하는 비용과 맞먹는 수준이다.

가 그러하다.

유니버설 스튜디오와 월트 디즈니랜드 월드는 자체 엔지니어링 조직을 보유하고 있어 이러한 어트랙션 개발이 가능하다. 하지만, 일반 테마파크 개발자들은 투자금이 있어도 자체 개발하기란 사실상 불가능에 가깝고 세계 각국의 라이드 제작사들의 기성품을 도입하고 콘텐츠 요소를 덧입히는 수준에서 어트랙션 개발을 하게 되는 것이 현실이다.

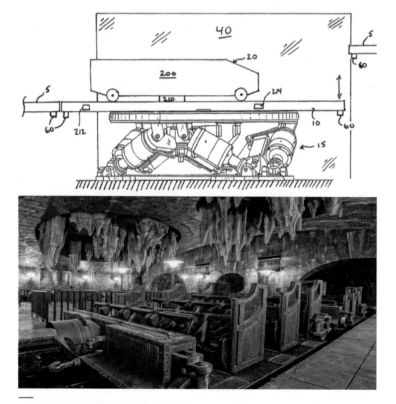

유니버설 스튜디오 해리 포터 라이드, Escape from Gringotts
상: 라이드 도식도, 하: 제작/운영 사진

ISSUE

04 테마파크와 IP 콘텐츠의 새로운 실험

월트 디즈니랜드조차도 100년 가까이 되어 가는 미키 마우스와 그의 친구들이라는 틀[13]을 지켜내고자 막대한 예산과 노력을 오늘도 쏟아 붓고 있다. 그런 노력에 비해 미키 마우스 캐릭터의 인기도가 예전과 같지 않기 때문에 현지의 상황을 수용할 수밖에 없는 고민도 크다. 일본 동경 디즈니랜드의 경우 곰돌이 푸(Pooh)의 인기가 많고, 일본의 캐릭터 산업이 크다 보니 지역의 인기 캐릭터를 받아들여 테마를 구성하기도 한다. 어쨌거나 디즈니는 싫든 좋든 간에 미키 마우스와 친구들을 포기할 수는 없다. 사실상 캐릭터 간에도 원주민과 초대받은 손님들처럼 서열이 정해져 있는 셈이다.

하지만, 유니버설 스튜디오는 캐릭터와 콘텐츠 간에 서열이 없고 영화 IP를 스튜디오 컨셉으로 파크 내 녹여내기 때문에 상대적으로 차용이 빠르다. 심지어 외부 콘텐츠인 해리포터를 과감히 받아들여 막대한 투자를 하고 이 덕분에 큰 재미를 보았다. 유니버설 스튜디오 재팬인 오사카의 경우 1천만 명을 넘지 못했던 연간 입장객을 해리포터 테마 존을 도입한 이후 훌쩍 넘어섰고 이 덕분에 매출 또한 가파르게 상승하여 예상을 깨고 조기에 투자회수를 가능하게 해 주었다. 이에 자극을 받아 디즈니에서는 아바타 어트랙션(Disney Animal Kingdom in Florida)과 스타워즈 어트랙션을 과감히 도입하는 계기가 되었다.

파크에서 정책적으로 미는 캐릭터가 있을 것이나 시장에서 고객들이 좋아하는 캐릭터는 계속 생겨난다. 이러한 상황에서 파크 산업에서는 자신들의 캐릭터에 스스로 고립되기보다는 외부의 변화를 적극적으로

----

13 디즈니에서는 Mickey, Minnie, Donald, Goofy, Pluto의 5가지 캐릭터를 'Big 5'라고 부른다.

유니버설 스튜디오 재팬 인 오사카, Cool Japan 2020

받아들이는 편이다.

　로컬의 인기 콘텐츠 활용 사례를 살펴보자. 일본 오사카의 유니버설 스튜디오 재팬의 경우 입구지역의 리뉴얼 대상 어트랙션들에 일본의 인기 애니메이션 콘텐츠를 활용하여[14] 라이드, 워크쓰루,[15] 공연 등을 실험적으로 시도하였다. 예상 밖의 성공에 해마다 콘텐츠에 변화를 주면서 이어 온 것이 2020년에 벌써 6년째가 된다. 필자에게는 글로벌 테마파크에서의 쿨 재팬 도입 자체가 매우 이례적인 사건이어서 지인인 유니버설 스튜디오 재팬의 임직원들에게 알아보기도 하였다. 처음에

14　유니버설 스튜디오 재팬의 캠페인 주제는 '쿨 재팬(Cool Japan)'이다. 일본의 문화적 우수성을 해외에 널리 알리고 문화 콘텐츠를 수출하여 문화산업의 매출을 끌어올리며 궁극적으로는 세계 문화 강국이 되겠다는 일환으로 시작된 운동이다. 1990년대에 영국에서 시작된 '쿨 브리타니아(Cool Britannia)'를 모방한 것으로 비판 받고 있다. 우리나라가 K-wave(韓流)를 통해 문화적 지평을 넓혀 가고 있는 것과 유사하다.

15　워크쓰루(Walk Through)란, 라이드(Ride)나 플로트(Float)를 타지 않고 보행하면서 콘텐츠를 체험하는 형태를 의미한다.

는 유니버설 스튜디오 본사와 다툼이 있었다고 한다. 자신들이 세팅해 놓은 파크에 지역 콘텐츠로 무언가를 한다는 것에 기뻐할 리가 없었을 것이다. 하지만, 수년간 매출기여도가 상당하다 보니 어쩔 수 없이 받아들이고 있는 상황이라고 한다.

그렇다면 디즈니의 경우는 어떻게 움직이고 있을까? 디즈니의 경우는 애니메이션 회사를 직접 인수하는 방식으로 기존 캐릭터와 신규 캐릭터 및 콘텐츠를 확보하고 있다. 픽사(Pixar Animation Studios)를 인수하여 디즈니 애니메이션을 능가하는 3D 기술력과 콘텐츠 다양성을 확보하였다. 미키 마우스와 친구들 타령만 하다가, 토이 스토리, 월E, 인크레더블, 몬스터, 카 등 경계를 허무는 다양한 캐릭터를 보유하게 되었다.

―
디즈니가 인수한 픽사 무비의 캐릭터들

여기에서 더 나아가 필자에게는 다소 의아한 인수 소식이 있었다. 도무지 디즈니에게 어울릴 것 같지 않은 악당들과 히어로들 시리즈를 대거 보유하고 있는 마블 엔터테인먼트 사를 인수한 것이다. 블레이드, 엑

스맨, 스파이더맨, 판타스틱 4, 울버린, 데드풀 등의 캐릭터들 면면과 미
키 마우스와 착한 친구들 간에는 도무지 연결성이 없어 보인다. 더구나,
스파이더맨은 유니버설 스튜디오 테마파크의 어트랙션 중 하나이다.

　필자가 확인할 길은 없으나 추측컨대 기존의 캐릭터들은 픽사(Pixar)
의 것을 포함해도 착하고 아동적인 것이었다면 남성적인 성인 히어로
캐릭터들을 확보하여 콘텐츠의 지평을 넓히고 싶었다는 정도가 아닐까
생각한다.

마블 엔터테인먼트 사의 히어로와 악당들, 미키의 친구들이 되다

CHAPTER 02

테마파크 개발 프로세스

테마파크 개발 프로세스

테마파크는 어떤 과정을 거쳐서 만들어지는가?

손님으로 방문하는 테마파크는 누군가의 수고로 이미 만들어져 있는 상태로 그냥 즐기는 공간이겠지만, 당장 그것을 만들어야 하는 입장에 있다면 수많은 일들이 있을 것 같은데 어떤 일들을 챙겨야 하며 어떤 과정을 거쳐서 완성이 되는지 막막할 것이다. 이하에서는 비록 개별 프로젝트마다 특이점이 있고 상이하겠지만 큰 틀에서 공통되는 것들을 중심으로 정리해 보았다.

① 사업의 구상

테마파크 개발 과정의 첫 단계는 사업의 구상 단계이다.

매력적인 사업 아이템이 무엇인지 어떤 테마로 개발할 것인지 큰 방향을 정하는 것이 주요 내용이 된다. 주요 의사결정자들의 공감과 동의를 얻어야만 다음 단계로 진행이 가능하므로 top-down

지시하달 사업이 아니라면 이를 넘어서는 것 자체[1]가 매우 중요한 단계이다. 이 단계에서는 사업의 주요 프로그램, 시설 등 투자 내역, 이를 실현할 적절한 부지면적가능하다면 후보지 사전조사, 제한적일 수밖에 없지만 가능한 범위 내에서 시장 규모 및 동향 파악, 예상되는 기대효과매출, 파급효과 등 유무형의 결과, 향후 주요 일정Master Schedule, 회사나 공공기관이라면 담당할 인력의 선정과 업무분장 등을 담으면 된다. 세세하고 구체적인 내용을 담기보다는 하고자 하는 사업을 직관적으로 설명하고 이해할 수 있도록 해야 하며 이를 위해 참고 이미지reference images나 컨셉 스케치conceptual sketches 정도에 비용을 들이면 좋을 것이다.

ISSUE

01 스토리 텔링

주제(테마)에 대하여 어느 정도 가닥을 잡으면 동화, 예능, 방송작가들 혹은 광고기획사와의 협업을 통해 주제를 엮고 흥미롭게 풀어내는 **스토리텔링 작업**을 진행할 것을 추천한다. 나중에 고객들에게 이러한 스토리를 이해시키려고 강요할 수는 없지만, 스토리 라인이 잡히면 공간과 공연 연출에 일관성을 부여하는 데 매우 효과적으로 활용할 수 있다. 방문한 고객의 잠재의식 속에 이러한 스토리텔링을 느끼도록 하여 본인도 모르게 매력적이고 호감이 가는 파크로 인식되게 하여야 한다. 디즈니나 유니버설처럼 어느 특정 공간 자체가 강력한 콘텐츠 IP를

----

1   훌륭한 기획가일 경우에도 기안한 사업제안서 채택률이 통상 30~40% 정도이다. 그 이하면 기획능력을 키워야 하겠지만, 내가 고민했던 기안서가 기각되고 사장되더라도 좌절하지 말아야 한다. 그 자체가 훌륭한 연습이 되고 경험이 되었을 것이고, 상황에 따라 다시 빛을 볼 날이 오기도 하기 때문이다.

사용하고 있어 어느 누구나 쉽게 느끼게 할 수 있지만, 그렇지 못한 경우에는 특히나 어려운 작업이기도 하고 그래서 많은 경우 스토리텔링은 쓸모없다고 치부하여 이 과정을 건너뛰는 경우가 대부분이다.

② 사업 부지의 확보

원칙은 사업 구상을 먼저하고 그에 적합한 위치나 입지를 선정하는 것이 타당하겠으나, 어떤 경우는 무얼 할지 모르지만 일단 부지site부터 사놓았거나 이미 보유하고 있는 부지에 적합한 사업을 구상하게 되는 순서의 뒤바뀜도 있을 것이다. 이 경우에는 장소성 placeness을 고려하여 가능한 여러 테마와 컨셉 중에서 고르는 과정이 필요할 것이다. 주변 환경에 어울리게harmonious 할 것인지, 아니면 오히려 이질적 컨셉으로 돋보이게loud 할 것인지 의견을 수렴하고 정리하여야 한다. 다양한 분야의 전문가, 컨설턴트 등과 협업하여 관광시장과 환경을 고려한 테마와 컨셉을 도출하도록 하여야 한다.

ISSUE

02 해당 지방자치단체와의 사전 협의

내부적으로 사업 구상의 내용이 정리되면 반드시 해당 지자체와의 사전 협의를 거칠 필요가 있다. 우리나라는 행정규제를 넘어서 단독으로 개발할 수 있는 것이 없다. 대상 부지를 찾기 위해서 사업구상을 설명하는 자리를 갖고 지자체의 의견을 구할 수도 있고, 이미 후보지를 확보한 경우에는 해당 지자체와 구체적인 상호 협의 사항을 논의할 수 있다.

　사업 부지와 관련하여서는 현재 지구단위 계획상 토지의 용도가 무엇인지, 필요하다면 변경이 가능한지 확인이 필요하다. 아울러 간과하기 쉬운 사항으로 분묘 이장 협의[2]나 미매입 토지의 매입 완료 등 필지 정리,[3] 문화재 유물과 유적지 유무, 동식물 관련 국가보호종의 서식지 연관성, 인근 마을의 주민 수용성향 등 토지와 관련된 제반 사항을 사전에 철저히 점검하고 이를 선행적으로 해결하는 데 소요되는 일정도 감안하는 것이 필요하다.

　사업 예상 부지라는 것이 미리 소문나지 않도록 주의해야 하며, 필지가 여러 곳으로 나누어진 경우 특히 대규모 토지의 매입 과정이 험로를 걸을 수 있으므로 다양한 방법들이 활용되고 있는 것이 현실[4]이다.

ISSUE
(03) 사업지 주민들과의 소통

　해당 행정기관과 사업 관련 협의를 진행하면서 사업주체 내부적으로도 추진하려는 의사결정이 이루어졌다면 **해당 부지 인근의 주민들과도 의사소통**을 시작해야 한다. 마을의 대표기구를 통하면 효율적이긴 하나

2　우리나라는 특이하게도 국가나 타인 소유의 토지에 묘지를 두었어도 임의로 처분할 수 없는 묘지 기지권을 법적으로 허용하고 있다. 개발사업 승인고시 전에 이러한 완전한 토지 소유권 확인과 더불어 분묘에 대하여도 이장 협의나 개장 신고, 토지사용 승낙 등을 요구하고 있다. 의외로 묘지주가 문중묘일 경우 그 합의 소요기간 때문에 전체 프로젝트가 지연되는 경우가 발생할 수 있으므로 꼼꼼하게 확인을 요한다.

3　악의적인 소위 알박기 토지일지라도 행정청에서는 민원 등으로 인해 사업자가 해결하는 것을 선호하기 때문에, 사업구상과 계획이 외부로 유출되지 않도록 철저히 사전보안을 요한다.

4　디즈니랜드조차도 플로리다 주 올랜도 지역의 오렌지 카운티에 부지 확보 시기에 여러 페이퍼 컴퍼니를 통해 은밀하게 진행할 정도였다고 하니 사업자 입장에서는 전체 사업 추진 단계의 교두보 작업이라 할 수 있을 것이다.

전적으로 다 믿을 수는 없다. 언제나 반대 의견을 가진 소외된 주민들이 있기 마련이어서 결정을 불복하는 등 또 다른 난관에 봉착하기 십상이다. 마을에서 신망이 높은 키맨을 만나 사업에 대하여 상의하고, 기회가 되면 전체 마을회의를 통해 사업설명회를 개최하는 등 마을회와 자주 교류를 해야 한다. 법적인 행정 인허가 과정은 끊고 맺음이 분명하지만 한국에서 사업하려면 소위 헌법 위에 있는 지역 정서법을 견뎌 내어야 한다는 속설이 있음을 명심하자.

　힘든 과정이긴 하지만 주민 의견 수렴과 동의를 얻기 위해 다양한 노력을 해야 한다. 마을행사에 참여하고 찬조하거나 마을주민들의 경조사를 챙기며 유대관계(rapport)를 만들어 가고, 법적 의무사항은 아니지만 마을발전기금도 생각하고 있어야 한다. 지역마다 다르겠지만 현실에서는 이러한 사업준비 자금도 상당히 소요된다. 또한 사업 후원을 전제로 한 비공식적이고 개인적인 접촉을 통해 이권 관련한 요구도 많다. 이러한 은밀한 거래는 영원한 비밀이 될 수 없다는 점에서 마을에 혼란을 주지 않도록 미리 상호간 입장 정리를 해 두어야 이후 마을 내부의 갈등으로 비화되는 것을 미연에 방지할 수 있다. 우리나라에서 사업을 한다는 것은 끊임없는 민원처리의 연속이고 장기화되면 오랜 병에 장사 없듯 사업의 진행이 불가능하게 된다. 행정기관은 민원에 제일 민감해 하며, 적극적으로 나서서 해결해 줄 의지가 희박한 경우가 대부분이다. 사업자의 부담으로 고스란히 남게 된다.

　아울러, 사업지의 마을회뿐만 아니라 지역 언론, 유관 단체, 지방의회 등 간접적 이해관계자(stakeholder)들의 영향력도 상당하므로 소홀히 할 수 없다. 이슈 메이커(issue maker)가 되느냐 트러블 메이커(trouble maker)가 되느냐는 사업주의 노력에 따라 한끝 차이가 된다.

③ 설계Design 프로세스

사업 환경 조성과 관련한 이슈를 진행하면서 사업자는 내부적으로 인허가와 실행을 위한 단계적 설계디자인를 진행하여야 한다. 그 경계가 모호하긴 하지만, 설계 단계는 다음과 같이 구분할 수 있다. 각 단계별 설계 성과물은 인허가용으로도 필요에 따라 선별되어 쓰이게 된다.

첫째, <u>컨셉 디자인conceptual design</u> 단계5로 특정 공간을 어떠한 방향으로 조성할 것인지 큰 틀에서 느낌을 잡아가는 단계라고 보면 된다. 실무자와 의사결정자 간에 머릿속의 상상한 내용이 다르지 않도록 주요 장면에 대하여 스케치로 표현하여 공감대를 형성하는 것이 바람직하다. 그것도 어려울 경우에는 '유사 이미지를 활용하여서라도 이런 곳이 되겠구나' 정도의 방향은 잡아가야 한다.

컨셉 디자인 단계에서는 전체 사업부지의 경계boundary를 정하고 내부의 주보조 동선moving path 계획과 건축물 등 시설물의 기능과 배치layout 계획, 존의 구분Zoning 등이 포함된다. 입체적 설계 정보Dimension와 수치적 자료measurement는 없는 상태이다. 전체적

----

5 본격적인 컨셉 디자인 단계를 들어서기 전에 사업구상 단계에서 예비적으로 초개략 컨셉 설계를 진행하는 경우(pre-concept design, 정식으로는 preliminary concept design)도 있는데 종종 컨셉 디자인을 맡기기 전에 복수의 업체에 유료 혹은 무료로 경쟁 입찰 제안을 받고 선정하는 과정을 거치기도 한다. 사업구상 및 계획의 개요, 발주처 혹은 사업주의 요구사항과 조건을 Owner's requirement로 작성하여 참여 의향 업체에 기밀유지 서약서와 함께 RFP(request for proposal)을 발송하게 된다.

인 시설 구성 계획space program을 담아내는 과정에서 도출되는 최
종 성과물을 마스터 플랜Master Plan이라고 부른다.

컨셉 디자인 예시[6]

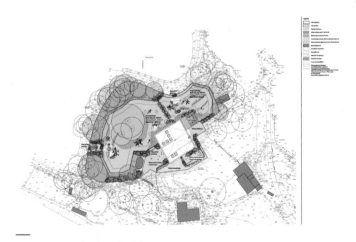

컬러링한 파크 마스터 플랜 예시

----

6 독일 댄펄만(dan pearlman) 디자인 회사 자료 참고

04 테마파크 건축물 리스트

통상 테마파크에 필요한 **건축물들의 리스트**는 다음과 같다. 파크의 특성에 따라 이 목록 외에도 추가되거나, 삭제되는 경우도 있을 것이다.

- 주차장: 승용차(개인), 버스(단체), 대중교통
- 드라이버 휴게시설
- 주차장과 정문 간 이동수단: 버스, 트램카, 모노레일 등
- 매표소, 연간회원센터
- 입퇴장 게이트
- 고객 서비스 센터
- 수유실, 미아보호시설, 의무실
- 화장실   • 상품점
- 식음시설   • 놀이기구
- 공연장

방문고객들에게는 노출되지 않도록 신경을 써야 하지만, 파크의 운영을 위해 필요한 Back of House[7] 시설들은 다음과 같다.

- 직원 식당   • 무대의상실
- 캐스트 휴게실
- 퍼레이드 창고(parade float garage)
- 영선 및 목공실(craft shop)
- 차량 및 어트랙션 정비 창고(maintenance garage)

----

7 BOH라고 하며 파크 이용고객들이 머무는 파크공간 너머에 위치하는 지원시설들의 공간을 의미한다. 부정적인 의미를 내포하고 있어 테마파크에서는 Behind the Scenes으로 불리기도 하는데 더 품위 있는 표현이다. 공연장의 경우에는 Backstage 혹은 behind (the) stage로 불린다.

- 식자재 창고

- 상품 창고

- 운영 및 경영 지원 사무동

- 라이브러리: 파크 및 시설 개발 관련 도서 저장고 및 열람실

- 중앙 모니터링 관제실

- 방송실: 비상 안내방송 및 음악 송출

- 기계실

- 발전소(power plant)

- 서버실

ISSUE

05 고객 조사의 시행

이 단계에서 권장사항으로 컨셉 디자인 내용에서 정해진 주요 이미지와 프로그램을 '보기카드'라는 형식를 통해 전체 방문 의향률과 실현율, 프로그램별 매력도, 가격 민감도 등 **'시장 수용성 조사'**를 진행해 보는 것이다. 실무자, 전문가, 의사결정자들이 협력해서 프로그램과 테마를 정했다고 하더라도 결국 그것을 이용할 고객들에게 물어보는 것은 당연한 것이다. 그러나 의외로 의사결정자들 중에 자신의 감을 믿는 사람들이 많다. 아마도 조사방법에 대하여 무지하거나 분석결과에 대하여 신뢰하지 못하는 경험을 했기 때문일 것이다. 수백억 수천억을 들이는 사업에 수천만 원으로 유의미한 통찰(insight)을 얻어 낼 수 있다면 하는 것과 하지 않는 것 중에 어떤 선택을 해야 할까? 일반적인 제조품과는 달리 테마파크라는 특수한 분야의 조사설계와 분석방법론이 적용되는 만큼 조사전문기관들의 자체 역량 개선도 필요하겠지만 발주처의 요구에도 휘둘리지 않는 소신이 필요하다.

조사설계(survey design)와 관련하여 제일 먼저 해야 하는 것은 실제 방문이용객을 추정하기 위한 논리적 흐름을 잡는 것이다. 전체 모수를 무엇으로 할 것인가? 파크의 투자비 규모와 수용력에 따라 배후 지역에 한정할 수도 있고 전국 단위가 될 수도 있으며 해외 시장까지 포함될 경우도 있을 것이다.

전수 조사는 불가능하므로 모집단을 대표할 샘플링 계획을 세워야 한다. 컨셉 설명을 위해서 외국인들의 경우는 면대면(face to face), 내국인의 경우 온라인 패널조사가 적합하다고 볼 수 있다.

조사 질의 내용도 구조화하여 그 범위를 좁혀 가야만 한다. 테마파크를 이용하거나 의향이 있는 응답자 중에서 사업주가 만들고자 하는 테마파크를 실제 이용할 의향이 있는 잠재고객을 찾아가는 단계를 거치며 범위를 좁혀 가면서 추정해 간다. 일반적으로 이용 방문 의향은 관대한 반면, 뒤이어 질문 받는 지불 가격에 대하여는 낮게 책정하는 경향이 있다. 사업자가 생각하는 목표가격에 대한 민감도를 물어볼 수도 있고, 방문이용고객이 적정하다고 생각하는 지불의향가격대를 제시하게 하여 확인해 볼 수도 있을 것이다. 이처럼 조사분석 단계에서는 방문의향률은 엄격한 잣대로 추정하고 지불가격은 저항선을 찾아 적정가격을 추정하는 것이 핵심적인 목적이다. 여기에 식음 및 상품, 그리고 임대 관련 부대 매출을 타사례를 참조하거나 보수적인 관점에서 추정[8] 하여 반영하도록 한다.

---

8 테마파크의 총매출은 티켓 판매 매출, 식음매장 매출, 상품매장 매출, 그리고 기타 매출로 구성된다. 파크마다 매출 구성은 상이하나, 티켓 판매 매출이 주를 이루는데 50~70%로 가장 높고 다음으로 식음 판매 부문이 20~30%으로 높고 상품 판매 부문이 10~20% 수준으로 구성된다. 일본 테마파크들의 경우 상품 판매 비중이 높은 편이라 다소 예외적이다.

06 예비 사업 타당성 분석

이제 추정된 (연간) 방문객 수와 지불가격을 기준으로 하여, 주 매출과 부대 매출을 합산하여 전체 예상 매출액을 추정할 수 있게 되었다. 사업주 입장에서 가지는 "이거 하면 좋은거야? 돈이 돼? 얼마 버는 거야?"라는 근원적이고 도전적인 질문에 답하기 위해서는 다른 반쪽도 검토되어야 한다. 들어가는 투입 비용에 대한 것[9]이다. 투입 비용은 크게 부지 매입비, 조사비, 설계비, 인허가 관련 용역비, 건설비(직간접공사비),[10] 사업준비 운영자금(인건비 등) 등 오픈을 위한 초기 투입 비용과 운영을 시작하면서 발생하는 비용을 말한다. 앞서 산정된 예상 매출액과 총투입비를 기준으로 투자비 회수시점과 수익성 추정을 하는 **예비 타당성 분석**을 실시해야 비로소 사업주의 질문에 답을 할 수 있게 된다.

ISSUE
07 네이밍 (naming)

컨셉 디자인 단계에서 테마와 스토리라인을 잡는 과정이 반드시 병행되어야 한다. 그 결과로 테마파크의 이름을 짓는 **네이밍**(naming)이 이루어진다. 이 과정을 챙기지 못하다가 뒤늦게 시작하여 이미 정해진 컨셉 디자인에 역으로 테마와 스토리를 덧입히는 경우도 빈번하고 심지

---

9 컨셉 설계 성과물로는 가예산 추정의 정확성에 한계가 있음을 전제하여야 한다. 그럼에도 불구하고 조기 단계에 모의(pilot-run) 사업성 분석을 실시하는 이유는 명백하다. 시나리오별 사업성 분석을 통해 목표 예산의 수준과 사업타당성 확보를 위한 임계점을 찾기 위함이다.
10 Dimension과 measurement 정보가 없는 컨셉설계이므로 유사한 시설의 원단위를 적용하는 등의 방법으로 통상 건설비가 추정된다.

어 오픈을 앞두고서 진행되기도 한다. 매력적인 스토리 라인을 잡고 그
것을 공간적으로 풀어내는 것이 컨셉 설계인데도 일의 순서가 사후약
방문 격으로 뒤바뀌는 상황이 종종 있다.

여하튼 네이밍은 부르기 좋고(pronounceable), 잘 기억되며(memorable),
테마의 속성을 잘 담는 간결한(well represented but laconic) 것이 좋다. 여
러 국가의 언어로 확인하여 부정적 의미를 띠지는 않는지 점검11도 필
요하다.

ISSUE

08 기타 준비사항들

네이밍 선정 작업과 더불어 BI, CI의 개발도 같이 이루어지는 것이
통상적이다. 네이밍과 테마의 특징을 잘 부각하는 아이덴티티 로고를
선정하고 나면 필히 해당 사업과 부합하는 업종에 대한 **상표 등록**을
하도록 준비해야 한다. 특허법인을 통해 등록 가능여부를 확인하고 상
표의 도용을 방지하여 미연에 법적 지위를 확보해 두는 것이 필요하다.
또한 네이밍을 기반으로 **홈페이지 주소**도 선점해 두어야 할 것이다. 상
표등록과 홈페이지 등록은 큰 비용이 들지는 않지만 확실히 하지 않으
면 악의적인 선등록으로 인해 곤란해질 수 있다. 호미로 막을 일을 가
래로 막는 우를 범하지 않도록 하자.

---

11 네이밍 할 때는 호평을 받았으나, 부정연상으로 인해 국내용 해외용을 분리하거나
    변경하게 되는 경우가 있으니 잘 따져보아야 한다. KIA의 상호명은 기아(起亞)의 영
    어발음식 표현이었으나, 영미권에서는 Killed In Action으로 전쟁 수행중 사망한 사
    람을 의미하여 의도치 않게 부정연상을 내포하게 된 사례며, 삼성의 모바일폰은 초
    창기에 애니콜(Anycall)로 어디서든지 통화가능하다는 의미로 국내에서 인기있는 브
    랜드로 자리 잡았으나 영미권에서는 성매매와 관련한 비속어로 사용되는 단어이다.

둘째, **계획 설계**|schematic design 단계로 이제 비로소 주요 건축
물과 시설의 라인이 잡히고 평편과 입면의 작업이 개략적으로 이
루어지게 된다. 하지만 더 세부적인 정보는 담고 있지 않아 부족
함이 많은 설계이긴 하나 다음의 상세설계를 위한 가이드라인 역
할을 한다. 이 단계까지는 기획자의 의도와 설계 방향을 담는 일12
이 비중 있게 다루어지므로 이른바 "Design Intent Book" 형태로
추후 물리적으로 많은 작업이 이루어지는 상세 설계의 지침서로
만들어 두면 좋다. 디자인 의도를 집대성한 북에는 각 구역, 건
물, 시설별로 설계 시 반영되어야 할 기능과 목적, 유의점, 테마
연출의 방향성, 색채 계획, 가용한 경계선 등이 주요 정보로 담겨
져야 한다.

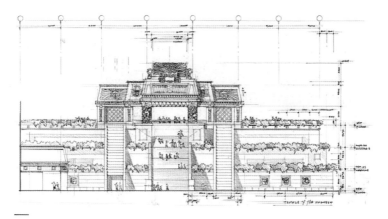

계획설계 예시 1: Hand drawing

12　이러한 발주처 혹은 사업주의 요구사항을 담은 것을 OR(Owner's Requirements)
　　이라고 부른다. 다양한 형식이 가능하나 설계 관련하여서는 디자인 인텐트 북으로
　　정리되면 진행이 수월하다.

계획설계 예시 2: 컴퓨터 렌더링 도면화 작업 결과물

계획 설계 단계에서 다양한 관점에서 검토가 이루어질 수 있
도록 스터디용 모형, 목업mock-up의 제작, 3D 스케치업 등을 통해
설계상의 오류를 잡아내고 수정하는 과정이 포함된다.

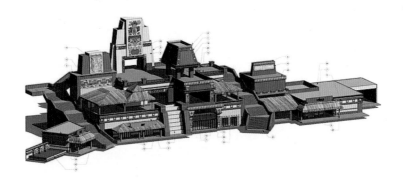

계획설계 예시 3: 컴퓨터 3D 렌더링 작업 결과물

전체 도면과 조감도bird's eye view로 보면 일견 멋있어 보이지
만 파크 방문객의 눈높이에서 검토할 때 그 공간이 주는 분위기
와 언어language는 사뭇 다를 수 있다. 이를 놓치고 설계가 더 진행
된 후 바로 잡게 되면 오류 수정 비용이 발생한다. 그나마 후속
상세설계에서 바로 잡으면 다행이다. 시공 후에 발견하게 되어 재

시공할 경우의 손실은 막대하다. 사전 검증을 못한 채로 좋지 못한 설계 내용들이 모이면 어떤 식으로든 전체 사업비 증가라는 결과를 가져오게 된다.

여기까지가 설계 전공을 하지 않은 프로젝트 매니저의 참여가 활발하게 이루어지는 설계 단계이다. 이후부터는 설계자들이 설계 의도를 이해하고 수치와, 도면화하는 작업이 본격화된다.

세 번째로, <u>기본 설계</u>design development 단계이다. 이전 단계보다 한층 세부화되고 구체화된 도면 형태이다. 어느 정도의 인테리어, 익스테리어 등을 포함하기 때문에 예산 추정의 정확도도 높아진다. 정통적 의미에서는 설계 단계를 세분화 하는 기본 설계라는 단계를 거치는 것이 원칙이나, 앞서 기본 계획에서 뒤이을 실시설계 단계로 바로 건너뛰는 경우도 있다. 계획 설계 단계가 전기, 설비, 기계, 상하수도 등 특수 분야의 경우 계통도 정도만으로 충분했다면 이 단계에서부터는 구체적인 도면화 과정을 거치게 된다. 계획설계 단계에서 사이트 플랜site plan, 입면elevation 평면floor plan 등을 중심으로 윤곽을 잡았다면, 기본설계 단계에서는 여러 각도에서 이해를 도울 수 있는 주요 단면section들이 추가되어 시공 담당자들이 정확히 이해할 수 있도록 작성되는 실시설계의 기준이 된다.

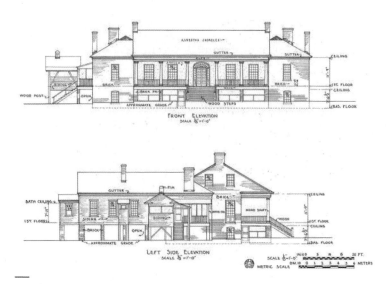

기본설계 예시: 입면도

마지막으로, **공사도면 설계**|construction document 혹은 working drawing
단계로 실시설계라고 부른다. 이전 단계보다 축척이 커지고 세부적
으로 쪼개진 도면 작업이 다량 포함되므로 공종별 설계 도서량이
상당해진다. 아울러 도면화되기 어려운 시방서와 구조계산서 같은
실제 공사에 필요한 도서들이 최종 완성되는 단계이다. 이 설계에
는 시방서specification가 첨부되어 어떤 자재material를 사용하며 얼마
의 양을 사용하는지도 포함되어 있고 설계 담당자 입장에서 공종
별로 산정된 견적서도 첨부되어 정확한 예산 추정도 가능하다.

하지만, 어디까지나 설계 단계를 거친 '설계 예가'로써 착공
직전에 이루어지는 경쟁입찰 혹은 수의계약을 거쳐 결정되는 '시
공 예산'과는 차이가 있을 수 있다. 일반적으로는 설계 예가가 시
공 예산보다 더 높게 책정되는 경향이 있다.

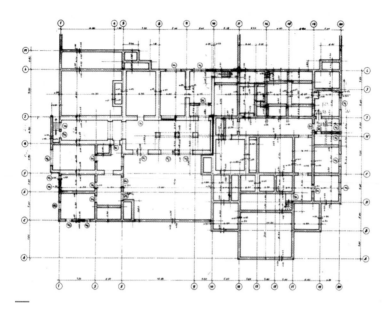

실시설계 예시: 건축물 평면도

ISSUE

09 왜 우리나라는 창의적 설계(creative design)를 해외에 많이 의존하는가?

이상으로 디자인 프로세스 일반에 대하여 설명을 하였고, 좀 더 현실적인 이야기를 하고자 한다.

프로젝트를 수행하면서 느낀 안타까운 부분은 우리나라 디자인 설계 인력들의 역량과 한계가 분명하다는 점이다. 우리나라 설계 전문가들은 주어진 범주 내에서는 이해가 빠르며 작업 납기일을 지켜내는 책임감은 전 세계에서 과히 으뜸이다. 소위 일꾼으로서는 손색이 없다.

하지만, 창작적인 디자인 성과를 도출하는 데는 경쟁력이 많이 떨어진다. 앞서 디자인 단계에서 따져보면 컨셉 디자인, 기본계획 설계에서는 해외 디자인 설계사의 발주 비율이 높고, 이후 기본설계와 실시설계는 국내 설계사들이 전담하고 있는 상황을 보면 알 수 있다. 특히나 테마파크 디자인 분야에서는 두드러진다.

디자인 인력을 양성하는 아카데미의 시스템적 한계도 있겠지만, 필자는 업계의 현실적인 상황들이 우리 설계문화의 취약한 구조를 만들어 왔다고 생각한다. 솔직히 크리에이티브 디자인 분야는 돈벌이가 안 되는 구조와 관행에 놓여 있고 그래서 매출이 확실한 상세설계 분야에 집중된 것으로 생각하고 있다. 많은 국내기업들은 초기 구상 단계에서 아이디어나 이미지들을 정당한 값을 치르고 채택(buying)하려 하지 않는다. 당연한 것인데도 우리나라 부동산 개발에서는 후속 진행을 전제로 경쟁 입찰 방식을 하는 과정에 사업제안서를 공짜로 받으려는 좋지 못한 관행을 가지고 있다.

입찰 제안하는 회사도 그 제안서를 작성하기 위해서는 인력을 투입하고 시간과 돈을 들인다. 디자인 설계회사는 프로젝트의 성공을 위해 파트너십을 가지고 있음에도 불구하고 을사(乙社)의 입장에서 갑질 횡포에 노출되어 있다. 이는 대기업, 공기업, 정부 등 많은 곳에서 이어지고 있는 관행이다. 실력이 좋고 열심히 일했는데 로비력이 떨어지거나 해서 여러 차례 고배를 마시고 나면 시장에서 도태되어 버리고 마는 구조다.

---

④ 인허가 절차

사업자는 내부적으로 설계를 상세화해 가면서 각종 인허가의 진행을 챙겨야 한다. 심의 및 영향성 평가에는 도면 제출뿐만 아니라 계획하고 있는 개발 컨셉과 방향성에 대한 논리적이고 체계적인 설명들이 포함되는 것이 특징이다. 이렇게 계획을 세운 이유는 무엇인지 소극적으로는 법적 기준을 충족하고 적극적으로는 더 개선하기 위해 어떤 방식으로 해결할 것인지와 같은 점검사항에 대하여 답을 제시하여야 한다.

인허가 단계별로 법적 의무사항으로 제출해야 할 도서들에 포함될 토지측량경계, 부지, 지질 조사, 사전환경영향조사 등은 미리 해두어야 한다. 특히 환경영향성평가의 경우 사업부지와 주변과 관련한 여러 환경적 요소들에 대하여 사전에 충분한 기간을 거쳐 조사결과를 제시해야 하므로 잊지 않도록 미리 챙겨야 한다.

개발행위마다 엄격하게 보는 심의단계들이 다르고, 그 순서에 대하여도 다를 수 있다. 인허가 승인권을 가지고 있는 해당 지방자치단체의 유관부서와 사전에 협의를 거쳐 가이드라인을 잡아두는 것이 좋다.

인허가와 관련하여서는 해당 지자체와 오랫동안 일을 해 온 현지 인허가 대행 용역사를 쓰는 경우가 많다. 아무래도 지자체의 업무 처리 방식과 주안점 등을 잘 이해하고 보완 사항에 대하여 대처가 용이하기 때문이다. 어떤 지역은 불가피하게 지역 인허가 용역업체를 쓰는 것이 불문율인 곳도 있어 심의위원들이 대표로 있는 업체의 경우 영향력이 상당하므로 업체 선정에 참고하여야 한다.

여기서는 통상의 대규모 개발행위에 대한 인허가 절차에 대하여 설명하고자 한다.

첫 번째 단계는 경관심의이다.

그 목적은 "경관 심의 대상 건축물 및 시설물 등이 주변의 경관과 조화를 이루어 아름답고 지역성 있는 경관을 형성할 수 있도록 경관에 관한 검토·심의를 수행하는 데 필요한 사항을 정하여 품격 있는 국토경관을 조성하는 데 기여함을 목적으로 한다"고 규정하고 있다.

심의 위원회에서는 시설물이나 건축물의 스카이라인sky line, 경관축, 조망점 시뮬레이션, 야간 경관, 색채, 배치, 형태 등이 주변 풍경과 조화를 이루는지를 집중적으로 살펴본다. 때로는 심지어 동식물의 생태축까지도 다루어져 후속 환경영향평가의 예비심의 성격을 띠기도 한다. 심의 영역이 광범위하고 모호하다는 점을 들어 이 단계의 필요성에 대한 논란은 계속되고 있다. 심의에서 다루는 내용이 포괄적이고 심의위원들의 전문성도 다양해서 경관심의 자체에서도 이견이 나오거나 후속 환경영향평가에서 번복되는 등 행정상 혼란과 중복을 막기 위한 운영지침을 만들어 적용하려고 노력 중이다.

두 번째로는 교통영향평가를 거쳐야 한다.

교통영향평가 제도의 시행 취지는 해당 사업의 시행에 따라 발생하는 교통량·교통흐름의 변화 및 교통안전에 미치는 영향을 조사·예측·평가하고 그와 관련된 각종 문제점을 최소화할 수 있는 교통개선대책을 마련하기 위한 것이다.

도시 개발사업들의 경우 유기적으로 타시설과 연계되어 있어

면밀하게 검토하는 것이 당연하다. 하지만, 여러 법률에서 교통영
향평가를 실시해야 하는 대상사업을 폭넓게 규정하고 있다. 유원
지에 해당하는 테마파크의 경우는 7만 5천 평방미터 이상일 경우
에 해당된다. 일부 지방자치단체에서는 인접 접근로의 사용에 대
하여 원인자 부담을 적용하여 교통환경개선분담금을 책정하기도
한다.

세 번째로는 도시계획 심의 단계이다.
토지에 대하여 용도를 정하고 그 틀에서 개발행위의 범위를
정한다는 의미에서 규제적 성격이 매우 강하다고 볼 수 있다. 그
러나, 여러 심의 중에서 가장 역사가 오래된 규제에 해당하는 이
유는 산업혁명 이후 도시의 무분별한 확장과 토지의 마구잡이식
개발에 대한 반성의 의미가 크고 우리나라도 근대화 과정에서 국
토개발의 합리성과 효율성 확보를 추구하기 위해 실시되었다.

하지만, 토지이용 인허가 관련 법령에 의한 각종 위원회 역
할 및 심의 범위 등이 명확하지 않아 심의 내용이 중복되고 위원
회간 의견이 상충되는 경우 발생하고 있어 사업자 입장에서는 고
충이 크다.
또 도시계획위원회 위원들의 평가 시 전문성과 공정성의 문
제가 제기되고 지자체별로 설치된 도시계획위원회의 심의기준이
일관성이 없어 민간의 토지이용에 혼란이 발생되고, 위원회 간의
의견 또한 상충되어 객관적 기준 마련이 필요하다는 의견이 제기
되어 왔다.
해당 토지의 법적 용도와 계획을 잘 살펴야 하며, 허용되지

않는 시설물과 기능을 배치하지 않도록 해야 하며 부득불 대안이
없는 경우는 행정 담당 기관과 협의를 통해 해결하도록 해야 할
것이다.

네 번째로는 **환경영향평가**를 거쳐야 한다.

이러한 단계를 두고 있는 이유로 "환경에 미칠 영향을 종합적
으로 예측하고 분석·평가하는 과정으로서, 궁극적으로는 환경파괴
와 환경오염을 사전에 방지하기 위한 정책수단으로서 환경적으로
건전하고 지속가능한 개발Environmentally Sound and Sustainable Development,
ESSD을 유도하여 쾌적한 환경을 유지·조성하는 것을 목적으로 한
다"고 명시하고 있다. 이를 위해 사전에 사업지와 주변의 동식물
상, 오염원 등 여러 항목을 조사하여 심의단계에서 평가와 요구사
항을 받는 근거로 활용하게 되고 대규모 개발사업의 경우 해당
지자체의 의회와 주민들에게 공청회를 거치도록 규정하고 있다.

환경의 변화에 대하여 지역 사회와 주민들의 받을 영향을 고
려하여 비교적 최근에 주목을 받는 인허가 단계로 그 시행 취지
는 타당하다. 하지만, 가장 복잡한 이해관계와 첨예한 갈등을 내
포하고 있는 심의대상이 되었다.

환경단체, 지역 언론, 심의기관, 사업자 간에 이견이 있을 가
능성이 매우 크고 그 해결점 모색도 쉽지 않은 단계이기도 하다.
개발과 성장, 보존과 유지라는 이념적 갈등을 항상 내포하고 있기
때문이다. 지연에 따른 사업의 비용이 막대해지고, 수익성이 악화
되는 사업자의 고충과 어디까지 환경을 보존할지 그 범위에 대한
합리성을 찾기가 쉽지 않다. 행정기관은 통상 사업자에게 해결책

을 모색하라고 하고 능동적으로 나서서 챙기지 않는 편이다.

누구에게는 그 부지에 사는 무슨 식물, 무슨 곤충, 무슨 동물이 중요하고, 또 다른 누구에게는 마을에 테마파크와 유원지가 생겨나면 환경적 변화는 충분히 수용 가능하다고 보고 마을 주민들의 형편이 나아지고 일자리가 늘어날 것을 더 주목한다. 다른 인허가 심의 절차는 다분히 전문적이고 객관적인 평가가 가능하나, 환경영향평가는 주관적이고 안개 속에 있는 듯 모호한 측면이 많다. 다른 인허가 절차보다 이해관계가 복잡하게 꼬일 수 있고 오랜 기간이 소요되므로 사업자 입장에서는 가장 힘든 절차로 인식된다.

다섯 번째로는 사전재해영향성평가 단계이다.

자연재해에 영향을 미치는 각종 행정계획 및 개발사업으로 인한 재해 유발 요인을 예측·분석하고 이에 대한 대책을 마련하는 것을 목적으로 개발계획수립 초기 단계에서 재해영향성에 대한 검토를 받는 절차를 거치도록 하여 개발로 인하여 발생할 수 있는 재해를 예방하고자 절차를 거치게 하고 있다.

재해 요인을 분석하고, 이를 해결할 수 있는 재해저감시설을 설치하여야 하는데 저류지가 사업지 내부에 필요할 경우는 사업부지 내 가용부지의 축소가 고려되어야 하며, 인근 하천 방류시 접속 우수관로의 조성비용도 검토되어야 한다. 최근에는 지구온난화로 인한 이상기후의 빈도가 높다고 판단하여 재해 가능성의 빈도를 50년에서 100년으로 상향 조정하는 추세이므로 가용부지의 축소와 고성능 설비 조성에 따른 사업비 증가의 요인이 된다.

여섯 번째로는 앞서 여러 단계의 심의를 거친 후 그동안의 의견들을 총정리하고 행정 유관부서들의 교차 확인을 받는 개발 사업시행 승인 단계이다.

그동안 선행적 심의 절차를 거친 내용을 개발사업승인 신청과 함께 각 유관부서의 의견을 듣고 최종적으로 확인을 거쳐 심의 단계에서 확정된 내용과 달리 개발행위의 승인이 이루어지는 것을 미연에 방지하고자 하는 것이 주요 취지이다.

특이할 점은 제주특별자치도의 경우, 외국 혹은 외지 자본에 의한 개발사업이 많아 이러한 모든 절차 외에 자본검증 절차를 추가로 요구하는 경우도 있다는 것이다. 사업에 소요되는 투자금의 조달 내역, 자금조달의 가능성과 안정성, 사업 타당성 분석의 합리성, 투자자의 신용도 등을 검증하여 사업허가권을 제3자에게 되팔거나 사업중단에 따른 지역사회의 피해를 막고자 하는 목적이나, 사업자의 기업활동 자율성을 과도하게 규제한다는 비판적 목소리도 있다.

마지막으로는 건축허가 단계이다.

각 심의단계를 거치고 최종적으로 개발사업시행 승인고시가 떨어지면 건축 계획 부분을 추가로 확인하여 승인 받은 내용과 일치할 경우 건축 허가를 받게 된다. 이 시점부터 건축 관련한 본 공사를 시작착공할 수 있다. 공사를 완료준공하고 나면 당초 허가를 받은 대로 조성되었는지 준공검사를 받고 이상 없이 최종적으로 사용승인을 받게 되면 사업장의 영업을 개시할 수 있다.

⑤ 공사

이제 개발의 방향도 정해지고 설계도 끝났으며 인허가도 마쳤다. 실제 공간 속에 계획된 바를 만드는 과정이 남았다. 공사의 시작은 착공이라고 하고 마무리는 준공완공이라고 한다. 만든 사람들의 노고를 기념하기 위해 사업지 내 대표적인 건물 모퉁이에 머릿돌을 새겨 넣을 것이다. 이하에서는 공사의 순서에 따른 공사의 내용을 설명하고자 한다.

본격적인 공사를 하기 전에 준비 과정이 있다. 앞서 실시설계 단계에 시방서specifications와 견적서가 포함된다고 하였다. 이때의 견적서는 통상 설계 예가라고 부른다. 설계상의 자재를 투입하고 시공하게 되면 얼마 정도의 예산을 생각하고 있어야 한다는 일종의 예산서이다.

이에 근거하여 공종별로 시공을 맡을 업체를 선정하게 된다. 통상은 경쟁입찰로 공정성을 기해 진행하게 되지만, 일부 특수한 공종은 입찰bidding 없이 수의계약으로 할 수밖에 없는 상황도 있다.

실제 시공할 업체를 선정할 때 최저가로 할지 중간 어느 제안가로 할지는 발주처사업주의 결정사항이다. 사전에 선정 기준을 공표하는 것이 옳다. 통상 설계 예가 대비 시공공사 제안가는 70~80% 수준으로 결정이 된다.

이제 단계별 공사 진행에 따라 공사참여업체가 선정이 되었다. 제일 먼저 하는 것이 공사 부지의 경계를 측량을 통해 표시하고, 이를 따라 가설 펜스를 두르는 것이다. 비산 먼지 등 환경오염을 방지하고 공사장으로의 무단침입에 따른 안전을 기하기 위함이다.

그 이후 불필요한 지장물이나 폐기물이 있다면 처리해야 한다. 또한 개발 내용과 무관한 건축물도 철거하게 된다. 공사의 편의성을 위해 임시도로도 개설해야 하는데 이때 사업부지 내 수목이 있다면 폐목 처리하거나 살릴 만한 수목은 가식장에 이식해 둔다. 여기까지가 소위 말하는 본공사 전의 **사전공사** 즉, 공사 준비 단계라고 할 수 있다.

본공사에서 제일 먼저 진행되는 공종은 **토목공사**이다. 상세 측량을 통해 계획도면에 따라 위치를 잡는 일부터 시작된다. 건물이 들어갈 자리, 도로가 위치할 자리 등 모든 구역의 경계를 정한다. 부지의 계획고GL, ground level에 따라 토공사를 진행한다. 어떤 흙은 반출사토 死土, 어떤 곳은 흙을 더 부어야 하는 성토盛土, 어느 곳은 땅을 깎아야 하는 절토切土 등 부지 이곳저곳의 흙들이 왔다 갔다 하게 된다. 안전상 급격한 경사면이 생기면 옹벽 작업 등을 하여 보강한다.

토목공사는 다른 공사들의 길잡이 작업이기도 하다. 상하수도 라인, 전기 공급라인, 방송 음향 라인 등의 인프라 포설을 포함한다. 한동안 쉬었다가 준공에 다다른 시점에 도로포장 및 조경 마무리 공사로 토목공사는 종결된다.

이후 건축공사가 본격적으로 가능한 상황이 되었다. 건축공사는 터파기를 시작으로 건물기초공사, 구조물 공사, 각종 기계 전기 설비 공사, 인테리어 공사, 마감 공사를 포함한다. 통상 건축공사의 과정은 거푸집^형틀을 제작하여 위치를 잡고 철근을 배근하고 나면 운반된 콘크리트를 붓는 타설, 구석구석 잘 채워지도록 하는 다짐, 표면처리 등의 마무리, 적정한 시간동안 건조해지지 않도록 커버를 씌우거나 물을 뿌리는 등의 양생을 거치게 된다. 추운 겨울에는 반대로 너무 오래 얼어 있지 않도록 열풍기 등으로 적정 온도를 유지해야 한다.

건축물이 다 조성되었을 때 만약 필요하다면 이 단계에서 '임시사용승인'을 받아 일부 영업하거나 사용을 할 수 있다. 서두를 것이 없다면 뒤이은 조경공사 마무리 후에 '건축물 사용승인'을 받고 '영업개시신고'를 하면 법적으로 사실상 공사는 끝난 셈이다.

토목공사와 건축공사로 바닥과 상부가 정리되고 나면 공간의 틈새를 정리하는 작업은 전체 공종 중에 마지막이요, 공간을 아름답게 마무리 짓는 조경공사이다. 특히 조경 공사는 오픈 시점에 기대했던 환경연출에 미흡할 수밖에 없다. 수목도 수령이 충분하지 않고, 이식한 수목들은 고사가 발생하고, 부지 전반에 녹지 형성이 미흡하기 때문이다. 오픈 후에도 지속적인 관리가 필요한 공종이라고 할 수 있다.

⑥ 운영 준비

공사 진행 중에 프로젝트 팀에서 챙겨야 할 것은 운영인력을 분야별로 단계적으로 채용하는 일이다. 그리고 해당 업무와 담당 부서에서 할 일들을 업무 분장^{R&R}하는 일이다.

　　담당 부서마다 파크 전체의 이념과 철학을 준수하면서 실제
운영 단계에서 어떻게 해야 할지를 상세하게 사전에 시뮬레이션13
하고 혼란 없이 업무처리를 할 수 있도록 분장업무에 대한 상세
한 매뉴얼manual을 작성해야 한다. 특히, 중요하고 신속한 결정을
요하는 업무에 대하여는 표준운영절차SOP, Standard Operating Process
를 추가하여 어느 누가 담당 업무를 맡더라도 그 업무를 명확하
고 지속 가능하게 처리할 수 있도록 준비되어야 한다.

⑦ 소프트 오픈

이제 공사도 끝나고 운영할 준비도 마무리 되었다. 파크를 실제
오픈하기 전에 운영의 미숙함과 시설적 미비점도 개선하고 싶다면
정상 티켓 가격 대비 낮은 수준 혹은 무료로 손님들을 초대하여
임시 개장 운영도 고려할 만하다. 이때 손님들의 실제 이용 반응
도 살펴보고 운영상 점검 포인트도 확인할 수 있는 이점이 있다.
　　이 시기에 마케팅 전략상 유명 예능 프로그램을 섭외하여 간
접 광고PPL를 해 보는 것도 좋다. 물론 공사가 마무리 되어 가는
시점에 광고물을 촬영하여 TV매체, 온라인, 신문지면 등에 광고
홍보를 집중적으로 하는 것은 두말할 필요도 없는 일이다. 오픈했
는데 손님들이 안 오는 상황은 상상도 할 수 없는 비극이다.

----

13 이러한 업무 상세 기술 과정을 WBS(작업 세분화 구조, Work Breakdown Structure)
　　라고 한다. 생물을 계문강목과속종으로 세분화하여 분류하듯이 업무를 그렇게 분류
　　해 가는 방법을 권한다.

⑧ 그랜드 오픈

정식으로 영업을 개시하는 날로 오픈 세레모니를 통상 준비하여
야 한다. 정치 관계자, 고위 공무원, 언론사, 유명 관계자들을 초
대하여 성공적인 개원을 축하하는 행사를 한 연후에 신호와 함께
대기하고 있던 손님들이 일제히 파크에 입장하게 된다.

항상 아쉬웠던 세레모니의 내용으로는 오너, 그리고 VIP들
중심의 행사라는 점이다. 프로젝트 매니저들, 핵심 디자이너들, 공
사를 담당했던 엔지니어들, 그리고 세부 설계와 시공을 도맡은 업
체 관계자들에게 큰 격려와 축하를 하는 모습도 담아낸다면 당연
하고 아름다울 것이다.

이제 그랜드 오픈은 했고, 앞으로 계획대로 운영하여 좋은
서비스와 감동으로 찾아오신 손님들이 기뻐하고 행복해 할 일만
남았다.

테마파크 추진과 주요 쟁점들

테마파크 추진과 주요 쟁점들

① 기획-디자인-엔지니어링 분야의 인적 물적 투입의 단계

당연한 것이겠지만, 조직을 시의 적절하게 구성하고 적합한 인재를 확보하는 것은 사업의 성공적 추진에 반드시 필요하다. 그렇다고 전체 인력을 초기 사업구상 단계부터, 설계 및 인허가, 시공 및 운영준비, 마지막으로 오픈 및 사업정산까지 구성하여 유지하는 것은 사업비 측면에서 커다란 부담이 된다.

초기 사업구상 단계에서는, 기획 인력의 비중이 높아야 한다. 사업 아이템과 운영 프로그램을 발굴하고 조사와 분석을 수행하며 마케팅 감각도 역량으로 요구된다. 프로젝트 프로세스에 대한 이해도가 높아야 하며 단계별로 예산, 일정, 사업성 분석 등을 처리해야 한다. 경영진과 의사결정자들의 합리적 판단과 결정을 돕는 정보 생성과 제공자의 역할자로서 활동한다.

다음은 프로젝트 프로세스 상 부문별로 투입되는 자원들의 수준을 표로 정리한 것이다.

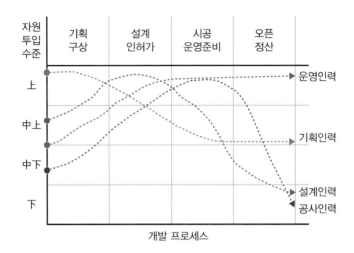

개발 프로세스

한편, 사업 구상에는 심미적 감각이 뛰어나며 공간 이해도가 높고 시각적 검토와 창의적인 협업이 필요하므로 디자인 인력도 크리에이티브 디자이너 → 설계 작업자 → 디자인 검수자supervisor 순으로 단계적 채용이 이루어져야 한다. 오픈 이후에도 부문별로 일부 인력은 PQCpark quality control, 파크 품질 관리 조직을 구성하여 존속하는 것을 권장한다. 많은 경우 짓고 나면 저렴하게 조직관리를 하게 되는데 원래의 파크 조성 품질이 유지되지 못하고 악화일로를 걷게 되면서 방문고객들로부터 외면 당하는 우를 범한다.

공사를 담당할 인력 중에도 가능한 조기에 공종별토목, 건축, 기계, 설비, 전기, 안전, 조경, 전산 등로 책임을 지게 될 중간 관리자급 이상은 채용 혹은 계약아웃소싱이 되어 선임되는 것이 좋다. 구상한 계획이 실현불가능한 그림의 떡이 되지 않기 위해서다. 공사를 담당한 인력 중에서도 원활하고 효율적인 현장 유지보수를 위해 직원으로 채용하는 것도 검토해 봄직하다.

그리고, 운영을 담당할 관리자도 제한적이나 파크운영, 식음, 상품, 공연, 유지보수 등 분야별로 초기에 참여하여 효율적 운영을 위한 요구사항들을 같이 고민하여 설계와 시공에 반영하도록 한다.

초기 기획 인력도 오픈 이후 사업비의 정산을 위해 일부 잔류하겠지만 운영단계에서도 기획의도가 운영부문에 잘 반영될 수 있도록 일정 비율을 유지할 것을 권장한다. 일정 기간 운영 후에는 목표한 각종 지표들에 대한 사후평가도 실시하여 파크 수익성 제고와 운영 개선 활동을 지속하여야 한다.

② 테마파크는 전문 기획자의 역할과 책임이 중요

테마파크 조성은 일반적인 건축 공사와 무엇이 다를까? 아파트나 상가 등 건축에는 공사 관리자 CMConstruction Manager의 역할 비중이 높지만, 테마파크 조성과정에는 특이점이 있다.

테마파크 조성 프로젝트에 기획 역할을 하는 인력을 프로젝트 매니저PM, Project Manager라고 부른다. 이들은 예산 관리, 일정 관리, 품질 관리, 업무에 대한 범위work scope 조정, 의사결정의 중개자로서의 분명한 역할과 책임R&R, Role and Responsibility을 가지고 있다.

수많은 의사결정 과정을 거치면서 만들어져 가는 것이 테마파크이다. 설계자는 도면화 작업은 하지만, 자신들이 제대로 하고 있는가의 기준에 대하여는 프로젝트 매니지먼트 부서의 결정을 간절히 바란다. 대학에서 배운 건축 등 일반적 설계의 기준으로는 적용이 어려워 재해석이 필요한 특수한 설계 기준에 대하여는 확신할 수 없기 때문이다. 또한 운영 단계에서 전문 운영사가 아웃소싱 방식으로 참여하게 되더라도 어떤 철학과 주제로 시설이 운영되어야 하는지 기준이 없으면 작위적인 운영을 할 수밖에 없다.

모든 시설과 건축물, 그리고 그것을 담고 있는 공간과 환경은 특정한 목적을 지니고 있다. 철학과 가치를 끝까지 지켜내는 책임 있는 조직이 없다면 그 본래의 의도한 방향성이 모호한 채로 흘러갈 공산이 크다. 그래서 실행 경험이 있는 프로젝트 매니저나 그 조직의 역할을 인정하고 권한과 책임을 지우는 것이 필요하다. 모든 시설물은 고유의 목적이 있고, 그에 맞게 중심을 잡아 줄 누군가가 필요하다.

많은 프로젝트들이 현실에서는 혼동으로부터 큰 어려움을 겪고 있다. 리조트나 파크를 개발한다고 시작했다가 중간 중간에 오너의 취향이 들어가고 여기저기 임원들의 목소리가 투영되어 설계의 변경이 이루어지고 결국에는 프리미엄 소수고객을 대상으로 하는 시설인지 대중적인 파크 시설인지 컨셉과 테마가 뒤죽박죽이 되는 경우도 많다. 그에 대한 대가로 설계 번복과 사업지연 등의 비용을 치러야 한다. 테마파크 분야는 누구나 스스로가 소비자의 경험과 감각을 지니고 있기 때문에 진행 과정에 자기 목소리를 낼 수 있다. 곁에서 아는 체 할 수 있고, 상위 직급자일수록 제법 권위에 따른 영향력을 끼치기도 한다. 그러나 결국 책임을 져야 하는 조직은 프로젝트 매니지먼트 팀이다.

　　이러한 현상이 비단 우리나라에서만 흔하게 발생하는 것이 아닌 것 같다. 디즈니나 유니버설과 같은 테마파크 업체, 그리고 글로벌 체인 호텔 업계에서는 만약 오너이든 경영 담당 임원이든 프로젝트 매니지먼트 부서와 다른, 자신의 의견을 관철하기 위해서는 설계의 변경에 따른 사업비의 변화, 사업지연에 대한 책임, 컨셉과 테마의 비일관성 문제와 사업타당성 조정에 대한 책임을 지겠다는 서류에 서명을 하도록 하고 있다. 소위 아무 말 대잔치를 미연에 방지하기 위함이다. 그만큼 프로젝트의 시작과 끝은 긴 여정이며 복잡한 이슈의 연속이라는 점을 명심하자.

　　우리나라에서는 안타깝게도 역량, 권한과 책임의 불일치 현상이 많은 것 같다. 집과 직장밖에 모르는 사람이 호텔, 리조트, 레저 관련하여 의사결정을 한다. 관광업에 대하여 별 관심 없는 사람이 순환보직으로 어찌어찌 담당 공무원으로 일하고 있다.

　　그러나 잘되면 어느 순간 내가 한 것처럼 은근슬쩍 밥상에 숟가락을 올리고 자기 이력에도 한 줄 쓰고, 잘 안 되면 프로젝트 팀에 책임을 지우고 마녀사냥을 하는 경우도 많다. 프로젝트 전담 팀에 과도한 책임을 지우기 전에 그에 맞는 권한과 자율성, 재량을 부여하여야 배가 산으로 가는 일은 없을 것이다. 조직에서는 프로젝트 매니저의 고집스러운 면을 이해해 주어야 한다. 그는 해야 할 일을 잘 하고 있는 것이니까.

③ 테마파크의 주 고객은 반드시 "가족"이어야 한다.

테마파크 개발을 하겠다고 방향을 잡은 이상 주 대상 고객은 '가족'이어야 한다. 이 목표 의식은 처음부터 마무리까지 흔들림 없이 유지되어야 한다. 당연한 이야기 아닌가? 생각하겠지만 현실에서는 경영 상황에 따라 이러한 방향성이 흔들리는 경우가 매우 많기 때문에 재차 강조하는 바이다. 전 세계의 운영 실적이 양호한 파크들은 대부분 '가족 친화적'인 파크들이라는 점을 잊지 말자.

디즈니, 유니버설 스튜디오, 레고랜드 등은 견실한 실적을 보이고 있다. 이와는 대조적으로 젊은층young adults을 상대로 하는 식스 플래그Six Flags 등 파크들은 경영상 어려움을 많이 겪고 있다. 최근에 일부 파크들이 적극적으로 가족 친화적 시설 도입과 부분 개발을 추진하는 것은 이러한 점을 인식한 결과라고 할 수 있다.

가족 타깃의 테마파크들이 추구하는 주요 특징들은 다음과 같다.

> 첫째, 어린이, 그들의 부모, 그리고 조부모에 이르는 세대 간 이용과 충성고객 확보를 염두하고 개발을 한다.
> 둘째, 추구하는 주요 가치는 '추억, 감동, 체험'이며 이를 충분하게 전달하기 위해 오감을 모두 자극하는 테마화, 콘텐츠, 라이드, 조경, 음악, 조명 등 종합적인 환경 연출 구현에 집중하고 있다.
> 셋째, 어린이가 가고 싶어서 부모를 설득하게 되는 파크들로, 아이가 계속 방문할 수 있도록 운영 시간과 마케팅,

인적 서비스, 편의 시설이 준비되어 있다.

넷째, 이를 통해 안정적인 객단가Expenditure per capita와 수익
구조를 실현하고 있다.

Six Flags 등의 파크들은 스릴 라이드 중심의 시설을 갖추어
객 구성 상 Young Adults가 주 이용객이며, 이들의 지갑이 얇은
탓에 낮은 객단가와 수익성 악화로 인하여 악순환vicious circle을 경
험하고 있다.

젊은 고객 주 방문→낮은 객단가→수익성 악화→재투자
한계→파크 변화감 부여 저조→방문객 감소 등으로 이어지는
것을 의미한다. 젊은 층은 끊임없이 새로운 경험을 찾는데 파크
운영자 입장에서는 수익성 저조에도 신규 어트랙션 도입을 해야
만 하는 이중고를 겪는다.

반면 '가족'을 위한 테마파크는 세대 간의 방문, 두터운 고객
층→양호한 객단가→수익성 양호→재투자 여력→파크 지속
적 변화감 부여→재방문 및 신규수요 창출이라는 선순환의 고리
를 만들기에 유리하다고 할 수 있다.

④ 모든 공간과 시설은 주된 사용자 관점에서 구성되어야 한다.

모든 시설과 건축물의 고유성과 목적성이란 무엇인지 좀 더 생각
해 보고자 한다. 테마파크는 가족이 주 고객인 경우가 대부분일
것이고 보조적으로 다른 그룹고객을 염두에 두는 시설일 것이다.
그런데 가족 구성원 전체가 이용하기에 부적합한 방향으로 조성

될 수도 있다. 경사지에 입지해서 조부모, 아동의 보행이 어려운 경우, 콘텐츠와 어트랙션이 가족형이 아닌 특정 타깃에 편중된 경우, 가족 모두를 고려한 편의시설이 구비되지 않은 경우 등의 상황이 발생할 수 있다.

이 이슈에 대하여 좀 더 근원적인 생각을 해 보자. 여러분은 다음 건물과 시설의 주 고객과 보조 이용객이 누구라고 생각하는가? 그렇다면 그에 맞게 지어져 있다고 생각이 드는가? 박물관은 누가 고객인가? 관람방문객이라고 생각하는 분들이 대부분일 것이다. 그런데 우리나라 박물관들은 조성비의 상당액이 건물을 짓는 데 들어간다. 박물관에서 꽃은 전시품인데도 이를 확보하는 데 들이는 비용은 너무 적다. 왜 이런 일들이 일어날까? 처음부터 끝까지 관람하러 오는 고객이 이 공간의 주된 고객임을 확고하게 인지하지 못하기 때문이다. 아마도 눈에 보이는 것은 미려한 건축물이기 때문에 전시행정이 낳은 결과요, 관행이 아닐까?

그렇다면 교도소와 구치소는 누가 주 고객인가? 수감자들인가? 아니면 교정 관련 공무원들인가? 아니면 수감자 면담 방문자들인가? 수감자들이라고 하면 그 건물의 공간적 배치가 달라질 것이고 근무하는 관리공무원들이라고 하면 관리효율성 측면에서 공간이 우선 설계될 것이다. 이러한 관리 효율성 극대화 관점에서 제레미 벤담은 팬옵티콘panopticon 개념을 주창하기도 하였다.

좀 더 재미있는 주제로 학교는 누가 주인인가? 다들 학생을 머릿속에 떠올릴 것이다. 그러나 우리나라 대부분 학교의 구조는 관리 감독에 적합한 형태로 교도소의 구조와 크게 다르지 않다.

정형화된 교실, 일자형 복도, 아래층에 교무실이나 행정실을 통해 출입이 통제되는 형태를 띠고 있다. 그러면서 교실에서는 나라와 미래를 위해 창의성과 자율성이 중요하다고 교육하고 가르친다. 실상은 학교 관리자들이 주인인 공간구조를 띠고 있다는 데 이견이 없을 것이다. 대학교에 가도 대학본부가 공간의 중심에 가장 높은 현대식 건물로 팬 옵티콘Pan Opticon처럼 권위적으로 자리 잡고 있다. 마치 대학총장이 대학교의 주인처럼 느껴진다.

그렇다면 병원은? 관공서는? 어떨까? 누가 시설의 주된 주인인가? 생각해 볼 이슈들이다. 병원은 과거 아픈 몸으로 방문한 환자와 보호자들이 어디로 가야 할지 길을 잃었던 공간이었다. 여러 검사를 받기 위해서 각 진료과목 담당과로 안내를 받지만 오르락내리락 이리저리 방황하다 보면 없던 병도 걸릴 판이었다. 하지만, 명지대학병원에서 환자 중심의 동선 설계와 시스템을 선보인 이후 모든 병원이 이제는 환자 입장에서 이용이 편리한 곳으로 거듭나고 있다. 관공서는 아직 민원인들의 방문 관점에서 요원하다. 담당 공무원을 찾고 면담을 하기에는 눈치 보면서 물어물어 가야 하고 부서 내 다른 직원들이 다 듣고 있는 테이블에서 마음 편하게 의논하기에는 심리적 거리가 매우 멀게만 느껴지는 곳이다. 공공부문의 봉사 정신에 입각한 공간적 재구성과 변화는 결코 요원한 것일까? 일부러 민원 방문을 최소화하기 위한 공간설계를 한 것일까?

그렇다면 테마파크라는 곳은 다양한 서비스와 시설 품질을 제공하고 있는 곳인데 이에 대한 근원적인 생각을 해 보고자 한다. 고객들이 기대하는 품질은 다음과 같이 나눠볼 수 있다.

1) 매력적 품질: 충족이 되면 만족을 더하게 되나, 충족되지
   않아도 크게 불만족을 유발하지 않는 품질
2) 일원적 품질: 충족이 되면 만족하고, 충족이 안 되면 불
   만족
3) 당연적 품질: 충족이 되면 당연한 것으로 인지하고 있어
   별다른 만족감이 더해지지 않으나, 충족이
   안 되면 커다란 불만족을 느끼게 되는 품질
4) 무관심 품질: 충족 여부와 만족/불만족에 연관성이 낮은
   품질
5) 역반적 품질: 일원적 품질에 반대되는 것으로 충족이 오
   히려 불만족의 원인이 되고 충족되지 않는
   것이 만족을 가져오는 품질

이해를 돕기 위한 다이어그램으로 정리해 보고자 한다.

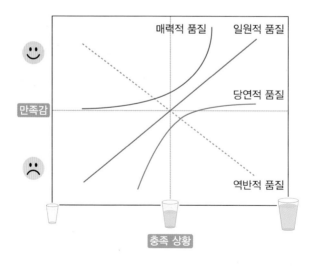

테마파크의 품질은 고객이 직접 이용하는 물리적 시설과 제품상품, 식음 등 그리고 고객의 접점에서 근무하는 직원캐스트들의 인적 서비스라는 두 가지 측면에서 만족의 정도가 결정된다고 할 것이다. 이런 측면을 이해하게 되면 고객의 만족을 높이기 위해서는 테마파크의 다양한 시설들 중에서 캐스트들의 자발적이고 진정성 있는 서비스가 우러나오게 하는 기본적인 복지와 백업 시설들도 중요하다고 할 수 있다.

휴게 공간이 창고 같아 마치 쉬면서도 버려진 짐짝이나 소모품 같이 느낀다면 파크 근무시간에 손님들에게 어떤 마음으로 응대할지는 불 보듯 뻔하지 않은가! 직원식당에서 한 끼 식사가 허기만 채우는 수준이라면 즐겁고 활기찬 마음으로 일할 수 있을까?

이런 측면을 고려하여 5가지 품질로 파크의 시설들을 분류하되 손님과 무관하지만 간접적인 영향을 준다는 측면에서 파크 운영지원 시설들도 적용하고자 한다.

1) 매력적 품질에 해당하는 시설
   (손　님) Street performance마술, 이벤트 등, 캐릭터 미팅
   　　　　포토 서비스
   (캐스트) 라이브러리

2) 일원적 품질에 해당하는 시설
   (손　님) 서비스센터, 상품/식음시설, 놀이기구, 공연,
   　　　　퍼레이드
   (캐스트) 직원식당, 캐스트 휴게실, 무대의상

3) 당연적 품질에 해당하는 시설
   (손 님) 주차장, 화장실, 빠른수송, 티켓팅, 입장수속,
          수유실, 의무실, 벤치 등 휴게공간

4) 무관심 품질에 해당하는 시설
   (캐스트) 창고, 사무실, 관제실, 방송실, 기계실, 발전소,
          서버실

5) 역반적 품질에 해당하는 시설: 해당 시설 없음

파크 개발 업무를 해 오면서 잘해도 티가 안 나는 듯한 당연적 품질에 해당하는 시설들에 투자를 아끼는 결정을 많이 보아 왔다. '화장실을 보면 그 집을 알 수 있다'는 옛말을 기억하자. 글로벌 테마파크 기획업무를 했었던 해외 컨설턴트들이 오래전 해 주었던 디즈니 스탠다드 중 하나는 당연적 품질, 특히 주차parking, 화장실동물의 생리적 요구, 티켓팅입장권 팔아주는 데 시간을 허비하는 것 이 세 가지는 가능하다면 최대 수용력maximum capacity으로 기획하고 만들어야 한다는 것이었다. 이웃 파크들과 파크라는 상품을 놓고 경쟁력을 갖추기 위해서는 본전을 깎아 먹지 않도록 당연적 품질을 확보하기 위해 먼저 신경 써야 한다. 이는 파크 이용이라는 상품을 판매하기 위한 선제적 자격조건이라고 할 것이다. 놀러 왔는데 화장실은 줄 서서 이용하고 파킹까지 1시간, 입장에 1시간 걸리면 그날 기분은 다 망치는 것이다. 파크 안에서 놀아도 노는 게 아니게 된다.
여기에 그 상품에 대한 기대에 상응하는 일원적 품질을 높은 수준으로 제공하고, 생각지도 않았던 매력적 품질을 더한다면 손

님들로부터 꾸준히 사랑받는 테마파크가 될 것이다. 테마파크는 누구를 위한 시설인가를 다시 한 번 생각하고, 방문하는 손님이 첫째이고 다음이 그분들을 맞이하고 함께 하는 캐스트들임을 기억한다면 기획의 방향, 의사결정의 우선순위 등이 명확해질 것이다.

⑤ 사업성 분석의 단계적 시행

앞서 컨셉 디자인 단계에서 사업 내용의 윤곽이 정해지면 예비 타당성 분석을 실시할 것을 권장했다. 계획하고 있는 테마파크에 방문할 의향이 있는지 그리고 얼마만큼의 손님들이 오려고 하는지 추정한 값으로 수익성 분석을 하는 과정이었다.

　모수를 정하고 자국민 및 외국인 그 중에서 테마파크에 방문한 적이 있거나 방문할 계획이 있는 사람들로 범위를 좁힌 뒤, 지금 만들려고 하는 테마파크가 생긴다면 올 의향이 있는지방문 의향률를 다시 한 번 확인하게 된다. 일반적으로 사람들은 새로 생긴 것에는 후한 관심을 보이기 때문에 이 숫자를 다 믿어서는 안 된다.

　여기에서 다시 이러한 종류의 파크에 대하여 내용을 잘 알고 있고 경험해 보고 싶은 것인지와 관련한 '인지율'에 대한 조사를 통해 방문객 수에 대한 보수적 분석을 한 후 최종적으로 다시 '실현율'을 추가로 반영하면 매우 보수적인 방문객수를 도출하게 된다. 통상 테마파크 조사를 거듭했던 경험으로는 실현율은 70~80% 수준이다. 20~30%의 긍정 응답자가 어떤 이유에서든 실제로는 오지 않았다는 의미이다. 쉽게 인지율은 '고기도 먹어본 사람이 먹을 줄 안다'는 것이고 실현율은 '달콤한 속삭임'을 다 믿지 말자는 것과 일맥상통한다.

    이는 파크를 새로이 조성할 때 해당하는 내용이다. 하지만,
오픈 후 수년이 지나고 나서 신규로 어트랙션을 도입하려고 할
때는 어떤 방식으로 그 어트랙션의 사업성을 분석할 수 있을까?
수많은 어트랙션 중에서 그것만 따로 어떻게 파크 매출에 기여하
는지 평가가 가능할까?

    개별 어트랙션의 도입 기여도 혹은 사업성 평가에는 '순수
목적 방문율'이라는 개념을 새로이 적용하여야 한다. 다면적이고
중복적인 질문을 통해 "이것 때문에 파크를 방문할 계획이십니
까?" 그리고 "이것이 없다면 파크를 방문할 생각이 없습니까?"라
는 대답을 확인해야 한다. 앞서 파크 이용자 모수를 추정한 것에
더하여 이 순수목적방문의향률을 추가로 적용하여 해당 어트랙션
의 도입 효과에 대하여 매우 보수적으로 평가하게 된다. 게다가
초기의 화제성과 오픈 효과는 해를 거듭할 수도록 점차 감소하는
것으로 추정하여야 한다.

    이 결과 값으로 추정되는 것이 해당 어트랙션의 방문객 제고율
lift rate이다. 예를 들어 A어트랙션을 200억 원을 들여 도입하고자
한다. 순수목적 방문율을 조사하고 입장객 수의 증가분제고율을 따
져본 결과 연간 10만 명으로 추정되었다. 해당 파크 입장 티켓 가
격은 평균 할인율을 적용하여도 3만원이고 식음 상품 등 부가 매
출액이 1만 원원가를 제한 순이익이라고 가정한다이라면 A어트랙션의 도입에
따른 매출 기여도는 연간 40억 원이다. 단순 수치상으로 보면 5년,
물가상승률과 순수목적방문율의 연차별 감소치를 적용하면 6~8년
정도에 투자비 회수가 가능하다고 판단된다. 아주 양호한 수치라
고 할 수 있다.

　여기서 해당 어트랙션 도입 효과에 대한 좀 더 정교한 분석이 되기 위해서는 하나를 더 고민하면 좋긴 하다. '잠식 효과cannibalization'가 그것이다. 어트랙션 도입의 매출 분석에는 해당 어트랙션으로 인한 순수목적방문율과 입장객 제고분을 기준으로 티켓 매출을 곱하면 되나, 기타 부가 매출액에 대하여는 좀 복잡해진다. 해당 어트랙션에서 판매되는 상품과 식음 매출액도 동일하게 증가하는 것은 아니기 때문이다. 상품과 식음은 일정 부분 소비하고 나면 더 늘지 않는 경향이 있다. 다른 상품점과 식음시설의 매출을 잠식할 수 있다는 가정에서 고려해야 할 개념이 잠식효과라고 할 수 있을 것이다.

테마파크의 기획 및 설계 기준

테마파크의 기획 및 설계 기준

① 설계 기준일park design day의 수립

테마파크를 개발함에 있어 매우 중요한 개념을 이해해야 한다. 설계 기준일Design Day을 확정하는 일이다. 설계 기준일은 조성하고자 하는 파크나 리조트 그리고 시설에 얼마만큼의 고객을 수용하고자 하는지 적정 규모에 대하여 추정한 값이다. 쉽게 말해 파크라는 그릇을 만든다고 할 때 얼마만큼 담을지 그 크기에 대한 기준인 셈이다. 통상 파크 입장객 수는 연간 단위로 정하는데 이를 계절성seasonality1을 반영하여 배분한 후, 특정일에 해당하는 일일

---

1 지역 기반의 로컬 테마파크의 경우, 성수기와 비수기 그리고 주중 주말이 비교적 명확하며 일단위 방문객수의 편차가 크다. 성수기를 기준으로 하여 해당 월 해당 주말의 일단위 최대방문객을 추정하고 나서 일정비율을 적용하여 설계기준일을 정한다. 글로벌 체인 테마파크들의 경우 상대적으로 성수기 비수기의 편차가 덜한 특징을 보인다. 강력한 시장 지배력을 바탕으로 목적형(Destination) 파크로서의 지위를 가지기 때문이다. 따라서 극성수기 방문객수와 설계기준일의 방문객수의 편차(gap)가 적은 수준(약 85%)에서 결정되는 경향을 보이고, 로컬 테마파크의 경우는 편차가 큰편(약 70%)이라고 할 수 있다.
한편, 지역의 관광 특성을 같이 고려할 필요가 있다. 강원도의 경우는 관광 유동객의 편차가 매우 큰 특성을 보이며, 제주도의 경우 연중 고른 편이다. 당연하게도 편차가 적은 경우가 파크 설계 기준일을 설정하는 데 유리하다고 볼 수 있다.

최대 방문객 수를 설정하게 된다.

중요한 기준이 되는 이 설계 기준일을 도출하는 과정은 합리적 근거를 가지고 따져 보아야 할 추론적 과정이다. 고객방문의향 조사와 전문가들의 예측 전망치, 타 사례를 참고하여 종합적인 판단을 해야 하지만 다수의 대안들이 있게 된다면 결국 여러 값 중에서 최종적으로 사업주가 정해야 한다.

너무 크게 잡아 시설투자가 이루어지면 과투자로 인한 투자비 회수에 어려움을 겪게 되고, 너무 과소하게 잡아 적은 규모로 조성하게 되었다면 지속적인 운영상 혼잡 발생과 더불어 더 큰 이익 창출의 기회를 놓치게 되므로 신중을 기해서 설계기준일을 도출해야 한다.

② 첨두 파크 체류객 수PIP, peak in park의 산정

이 설정된 설계 기준일은 다시 운영 시간대별로 분산[2]해보아야 한다. 설계 기준일에 예상되는 방문객 수 전체에서 가장 붐비는 시간대를 찾고 그에 맞춤형으로 시설과 서비스를 준비하기 위한 개념이다. 로컬 테마파크의 경우는 통상 오후 2~4시가 가장 많은

----

2 목적지형(destination) 글로벌 테마파크의 경우는 숙박을 염두하고 파크 방문이 이루어지므로 시간대별로 비교적 분산이 잘되어 있는 편이다.
하지만, 로컬 테마파크의 경우 one day 파크로서 주중은 한산하고, 토요일은 체류시간이 길고 가장 붐비는 요일이며, 일요일은 일찍 방문이 이루어지고 퇴장 시간도 비교적 빠르다. 다음날이 평일이기 때문이다. 이처럼 입퇴장 패턴도 요일별로 특성이 다르게 된다.

방문객이 파크에 체류하는 시간[3]이다. 단정적으로 말하기는 어려우나, 일 단위 파크 이용객의 약 60~70%가 그 시간대에 파크 내에 머물러 무언가를 하고 있다고 말할 수 있을 것이다. 예를 들어 보자. 연간 방문객 수를 200만 명으로 추정하였고, 계절성과 지역 관광수요 특성을 감안해서 책정한 설계기준일의 방문객 수를 2만 명으로 하였다고 하자. 다시 PIP율을 70%로 적용하면 첨두 파크 체류객수는 1만 4천명이 된다.

이 도출된 추정 값[PIP]은 테마파크 내 모든 구성 요소 시설들의 목표 수용력을 정하는 데 중심적 역할을 하는 핵심 기준 값이다. 테마파크의 핵심시설인 어트랙션의 전체 수용력, 식음시설 및 기타 시설, 주차장 주차대수 등의 적정 수용력을 배분하여 정할 수 있게 한다. 세부적인 배분 시 고려할 점에 대하여는 추후에 더 자세히 설명하기로 한다.

ISSUE

01 설계 기준일은 항구적인 것이 아니다

디자인 데이(설계 기준일)는 운영 후에도 계속 검증되어야 한다. 여러 변수들을 고려하여 최적의 초기 설계 기준일을 도출하려는 것은 모든 파크 기획자들이 당연히 해야만 하는 일이다.

다년간 운영하다 보면 고객방문 이용패턴이 관광 및 레저 시장의 트렌드 변화에 따라 변하기도 하고 경기의 변동성에도 영향을 받는다. 또

---

3 이를 첨두 파크 체류객 수(PIP, Peak in Park)라고 한다.

한 마케팅의 효과와 파크의 인기도 변화에 따라 점차 변화한다. 하지만, 파크 운영에 있어 놓치지 말아야 할 것은 단기적인 입장객 수의 부침에 일희일비할 필요는 없겠으나 중장기적인 입장객의 시계열 분석을 하여 설계 기준일이 적정한지 지속적으로 모니터링하는 일이다. 반복되는 혼잡 발생과 매출 극대화 가능성이 있다면 파크 규모의 확대와 수용력 증가를 위한 중장기 전략과 추가 투자를 검토해야 한다. 반대로 수익성이 지속적으로 악화된다면 경영 효율화, 마케팅 강화 등 대안을 모색해서 실시해야 한다.

다른 한편으로 설계 기준일에 부합하는 파크 방문일에도 어느 존 (zone)은 한산하고 어느 존은 붐빈다면 이것 또한 파크 공간의 비효율적인 사용에 해당하므로 개선책을 마련하여야 한다. 설계 의도와는 달리 파크 방문객의 이용행태에 차이를 보일 수 있다. 이른바 파크 리뉴얼 (renewal) 프로그램의 실행이 필요하다는 의미이다. 방문객에게 덜 매력적인 공간을 다른 식으로 손을 보아 매력도를 높이거나, 접근성 제고를 기하는 방안을 강구해야 한다. 전자는 방문객도 적고 이용시 만족도도 낮을 경우에 해당하고, 후자는 방문객은 적으나 이용 만족도는 높게 나타날 경우에 해당한다.

이를 위한 검토 근거로 실시되는 것이 **파크이용행태조사**(PUR, Park Utilization Research)이다. PUR조사 방법은 우선 설계기준일로 예상되는 특정일을 약 3개 정도 선정한다. 1개로 할 수는 있지만, 날씨나 당일 이용패턴에 비정상적 요인이 작용할 경우를 대비하여 복수로 할 것을 권장한다는 의미로 이해했으면 한다. 이 날에는 조사인력을 사전에 섭외하여 파크 진출입 간선도로의 차량 통행량, 주차장 점유대수 및 이용행태, 차량당 탑승인원, 파킹에서 파크 입장 소요시간, 티켓팅 소요시간, 게이트 검표 소요시간, 각 어트랙션별 대기시간 및 실 이용객 수 (OHRC, PHRC), 식음시설별 이용객 수 및 테이블 회전수, 상품매장별 동

선 침투율(penetration rate)과 실 구매율, 각 존별 체류객, 화장실 대기시
간 및 혼잡도, 시간대별 파크 입장 및 퇴장 객수 등 총량적 전수(全數)
조사를 실시한다. 그리고 당일 특이한 이벤트나 상황들이 있다면 보정
하는 작업을 거쳐야 한다. 이를 통해 파크 이용행태에 대한 종합적 분
석이 가능하다.

어떤 경험 많은 경영자들은 이렇게 생각할지도 모른다. '꼭 번잡하게
이런 조사를 해야 하는가? 내 경험을 믿으면 되지. 현장에서 눈으로 보
고 느낌상 아는 거지.' 그런 경영자가 지배력을 가지고 있는 조직은 그
렇게 운영하면 될 것이다. 그러나 테마파크는 방대한 경영정보 데이터
를 수집하고 분석하여 관리되는 것이 옳다. 개인의 경험과 촉은 파크
전체의 이해에 한계가 있기 때문이다.

파크 진출입 자체에 많은 시간이 소요되어 주차장 진입 자체에 문제
점이 있다면 어떻게 해결할 것인지, 주차장에서 파크 입장까지 소요시
간을 분석하여 과정상의 개선점을 찾는 것에서부터 어트랙션, 식음시
설, 상품점의 평가와 개선방안 도출, 화장실 등 편의시설의 조정과 개
선 등 실로 방대한 분석을 통해 파크 전체의 운영 개선점과 리뉴얼 방
향을 정하는 데 밑자료로 활용된다.

하지만, PUR 조사에는 커다란 맹점이 있다. 전체 총량조사이므로 고
객 개개인 즉, 점의 속성에 대한 해석은 어렵다는 점이다. 어디에서 얼
마의 시간을 쓰고 얼마의 소비를 하였는지 알 도리가 없다. 이러한 분
석을 위한 대안으로 최근에는 일정한 인센티브를 제공하고 고객의 동
의하에서 고객이용정보(Big Data)의 수집과 활용을 위해 다양한 IT 방법
들을 활용하고 있는 추세다. 손목 밴드, 앱 활성화, 무선 전자기 태그
방식 RFID(Radio Frequency Identification) 등으로 고객을 식별하여 이동경
로, 체류시간, 소비지출 등의 이용행태에 대한 분석을 하게 된다.

③ 파크 조성에 필요한 면적은 어떻게 추정하는가

개발 컨셉에 대한 잠재적 이용고객 수를 고객조사, 전문가 집단, 사례조사 등을 통해 종합적으로 판단하고 파크의 설계기준일을 수립하고 나면, '도대체 얼마의 부지가 적정한 것인지'가 궁금할 것이다.

역시나 부지의 형상에 따라 일률적으로 얘기할 수는 없다. 순수한 개발 면적만으로는 다른 테마파크들의 예상되는 설계기준일과 부지면적을 조사하여 대강 가늠할 수는 있다. 통상 인당 약 20㎡의 면적을 원단위로 적용하기도 한다. 만약 설계기준일의 파크 첨두 체류객 수PIP가 2만 명이라면 40만㎡로 약 12만 평의 파크 부지가 필요한 셈이다. 그러나 실제로 예상되는 연간 방문객 수를 추정하고 나서 도입하고자 하는 어트랙션 등 시설의 레이아웃을 스터디 해 봐야 최종 확정될 것이다.

④ 테마파크의 세부 시설별 설계 기준

다음으로 테마파크를 구성하고 있는 시설들과 건축물의 규모는 어떻게 정해지는 것일까? 이에 대한 답을 찾는 한 방법으로 글로벌 테마파크의 기획가들은 모든 시설물과 공간 면적에 대하여 수치화될 수 있는 수용력Capacity 개념에서 접근하고 있다는 것이다. 물론 자의적으로 만들어도 공간 속에서 자연스러운 분산이 이루어지기 때문에 무슨 의미가 있는가 반문하는 사람도 있겠지만, 일을 하는 방식의 차이가 아닐까? 경험과 감각에 의해 진행하면서 시행착오를 조정하는 방식도 의외로 많이 쓰이고 있고 반드시 그

것이 틀리다고도 할 수 없다. 하지만 주먹구구식 개발과 시행착오에는 값비싼 대가를 치러야 한다. 과학적인 근거와 기준을 가지고 처음부터 설계에 반영할 수 있다면 그렇게 하는 것이 낫다. 필자는 디즈니와 유니버설 출신의 컨설턴트와 엔지니어들과 협업하면서 느낀 것이 기획 단계에서 최대한 합리적인 설계 기준을 정립하려고 온갖 연구와 고민을 아끼지 않았다는 점이다.

1) 주차장　　　주차장의 조성 필요면적은 어떤 모양이냐에 따라 달라진다. 주차장 설계시 고려해야 할 주안점은 차량으로 방문하는 고객들의 진출입이 용이하도록 진입 및 진출 동선을 고려해야 하고 테마파크의 주차장은 주차면수가 넓기 때문에 방향성을 잃지 않도록 구역을 정하고 안내해야 한다. 만약 파크 정문지역과 원거리일 경우 주차구역마다 어떻게 방문객들을 수송할지 편의성과 효율성을 고려해서 승하차 장소를 배치해야 한다.

　　　주차장 파킹과 신속한 정문으로의 수송은 방문고객의 편의성을 위한 당연한 서비스이다. 고객은 주차장을 이용하려고 파크를 온 것이 아니기 때문이다. 기분 좋게 왔다가 주차하는 데 몇 시간을 허비하고 나면 파크에 입장하기도 전에 이미 불쾌감으로 충만한 상태가 되어 버린다. 그리고 파크 매출에도 악영향을 끼친다. 파크 내부에서 무언가 활동하면서 매출이 발생할 기회를 날려 버리는 셈이다.

　　　차량 동선은 가급적 진입과 진출이 분리되어 일방향one way으로 계획되는 것이 좋다. 테마파크 주차장의 진입은 개장 전후 2시

간에 걸쳐 집중적으로 발생하므로 혼잡 관리가 중요하다. 이 시간
대에는 주차장에서 주차요원들이 도로상의 차량유도안내 직원들
과 교신을 하면서 순차적으로 차량의 진입로를 열어 가며 주차하
도록 운영 매뉴얼을 적용해야 한다. 어린이날, 크리스마스, 12월
31일 등 특정 기념일의 마지막 공연 후 일거에 퇴장하는 경우를
제외하고는 차량의 진출은 크게 걱정하지 않아도 된다. 대부분의
날에 비교적 고르게 분산되어 발생하기 때문이다.

　　운영 경험상 동시에 여러 주차구역을 개방할 경우 인근 도로
망 자체가 차량으로 교통 체증의 원인이 되므로 특히 성수기에는
파크에서 가까운 주차구역부터 빈 곳이 없도록 순차적으로 주차
유도를 하는 운영의 묘가 필요하다. 먼 곳부터 주차 유도를 하는
것은 사실상 불가능한 일이고 비효율적이다. 요즘은 방문고객들
이 사전에 검색하여 이미 알고 오기 때문에 먼 곳부터 안내하면
고객들이 저항하게 되고 가까운 곳으로 가려는 차량들이 도로를
점유하고 차량 소통에 장애물 역할을 한다.

　　올랜도의 디즈니랜드는 대형 4개 테마파크가 밀집해 있는 곳
으로 대부분 자가 혹은 렌트 차량으로 방문한다. 광활한 주차장에
빼곡히 주차된 모습을 보노라면 흡사 거대한 중고차 판매장 같은
느낌을 준다. 하지만 파크 운영 측면에서는 저 넓은 곳을 빈공간
없이 차곡차곡 잘 채우는 모습에 감탄을 느끼게 된다.

　　주차면 설계도 가능하면 파킹에 유리한 사선 주차로 설계하는
것이 좋다. 주차면수가 줄기 때문에 주차면수 확보에 가장 효율적

올랜도 월트 디즈니 월드 주차장 위성사진

인 직각 주차 라인을 대부분 선호한다. 하지만 사선 주차라인은 차량 간 접촉 사고도 줄이면서 주차장 내의 하차 보행자들에 대한 전방 시야 확보에 유리하여 인명사고를 줄이는 데 이점이 크다. 45도가 아니더라도 65~75도라도 사선 주차를 검토했으면 한다. 테마파크는 고객의 안전과 생명을 최우선시 해야 하는 곳이기 때문이다.

최근에는 자가 소유차량들이 점차 대형화되고 있는 추세이다. 주차면을 늘이기 위해 법적 기준을 적용하여 최소한으로 하면 그려 놓은 주차면수는 늘겠지만 중간 중간 주차가 불가능한 공간이 발생한다. 약간의 주차면수가 줄더라도 여유 있게 주차면적을 잡도록 하여 이용 고객들의 주차 편의성도 높이면서 차량 접촉사고도 줄일 수 있게 설계하도록 하자.

전체 **주차면수**를 산정함에 있어 고려해야 할 사항들은 무엇이 있을까? 우선 차량당 탑승인원수, 자가차량 이용 방문객 비중을 들 수 있을 것이다. 차량당 평균 탑승인원은 그간의 경험과 조사결과에 따르면 3.5~3.7명이었다. 파크 설계 기준일의 입장객 수에서 대중교통과 단체버스 분담 비중을 제한 뒤 구해진 자가차량 방문객 수에서 차량당 평균탑승 인원수를 나누면 주차장의 필요 주차면수를 도출할 수 있다. 좀 더 정교한 산정을 위해서 시간당 입장객 수의 분산까지 진입 진출 개념에서 고려하면 금상첨화다. 다만, 파크 입장 게이트를 통과한 입장객 추정 기준 시점보다 주차장은 선행적 시차를 가진다. 주차장에서 파크 정문까지 이동하는 시간을 감안해야 하기 때문이다.

1) 파크 설계기준일의 방문객 수에서 대중교통이용 방문객과 단체고객 비중을 제한다.
2) 개인, 회원 고객의 수에서 약 70%를 적용한 PIP를 구한다.
3) 이 개인, 회원 고객의 PIP에서 3.5~3.7을 나눈다.
4) 도출된 값을 주차장 필요대수의 기준으로 한다.

아울러, 극성수기를 대비하여 정규 주차장 외에도 비포장된 여유 부지를 확보해 두는 것도 중장기적으로 고려하여야 하며, 확보할 주차공간이 여의치 않다면 불가피하게 높은 비용이 들긴 하지만 노면 주차장을 주차 빌딩 형태로 추가 조성하는 것도 대안이 될 수 있을 것이다.

장애우를 위한 일정비율의 주차공간을 배정해야 한다. 이동

이 쉽지 않으므로 정문에 가장 가까운 곳을 지정주차구역으로 하
도록 계획하여야 한다. 아울러, 최근에는 친환경차량에 대한 시설
을 법정으로 구비하도록 의무화되어 있으므로 전기차 충전기도
설치되어야 한다. 버스와 같은 대형차량의 경우, 파크에 입장하지
않고 긴 시간 대기하고 있는 버스 기사들을 위한 휴게 공간도 마
련되어 있어야 한다.

여름날에 땡볕에서 콘크리트의 지열을 받으며 이동해야 하는
고객들의 불편함을 줄이기 위해 조경수를 심거나 주 보행 동선에
그늘막을 설치하는 등의 세심함도 필요하다. 충분하지는 않겠지
만, 파크에 들어온 기분을 조금이나마 느낄 수 있도록 파크 주제
곡이 흘러 나오도록 한다든지 파크의 연장된 공간처럼 가로등이
나 펜스, 대기 장소 등을 테마화하여 연출하는 것도 좋겠다.

최근에는 주차장 이용효율을 개선하고 인건비 등을 줄이기
위한 주차 관련 관리 및 관제 시스템을 도입하는 추세이다. 어느
주차구역에 얼마의 차량이 주차가 가능한지 알 수 있는 실시간
정보가 주차관리자들과 안내 사인물을 통해서 전달되어 효율적인
주차유도가 가능한 시스템들이 많이 선보이고 있다. 고성능 CCTV
들도 개발되어 사전에 AI인공지능 기반의 학습이 되도록 프로그램화
작업을 거치면 주차되지 않은 빈 주차면을 계수counting할 뿐만 아
니라 차량 간 접촉사고 등을 추적하고 기록할 수도 있다.

테마파크의 주차장은 경영하는 입장에서는 계륵과도 같다.
쓰지 않아도 될 공간에 너무 많은 돈이 든다는 생각을 하게 되는

그런 곳이다. 넓은 부지에 포장, 우수처리시설 등 막대한 공사비가 들고, 가로등, 화장실 등 기본적인 인프라 설비까지 조성해야 하므로 사실상 반듯한 건물만 없을 뿐 높은 예산이 투입되는 곳이기 때문이다.

대부분의 경영진들은 이러한 감추어진 비용을 회수할 방법을 고민한다. 두 가지 양극단의 선택지가 있는데 하나는 무료로 운영하되 최소한의 꾸밈과 서비스를 제공하는 방식과 다른 하나는 유료화 하되 꽤 근사한 편의 서비스를 도입하고 시설을 관리하는 방식이 있을 것이다. 우리나라 유원지 시설들은 대부분 무료로 운영된다. 국민 정서상 유료화하는 것에 거부감을 가지고 있는 것도 그 이유다. 파크에 놀러와서 입장도 하기 전에 주차에 돈을 써야 하는 상황을 받아 들이지 못하는 것이다. 하지만 해외 글로벌 테마파크들은 대부분 유료로 운영되고 있다. 주차장의 매입과 조성, 지속적인 유지보수 및 인건비 등 관리비 발생 부담을 자가차량으로 방문하는 고객에게 편의성에 대한 대가로 지우게 하는 것이다. 그것도 정문에 가까운 편의성이 높은 주차구역은 더 높은 가격을 받는 방식으로 공간의 효용성과 편리성에 따라 차등 가격제를 적용하고 있다.

주차장 유료화의 달콤한 유혹 앞에서 생각해야 할 것은 유무료에 따라 관리자의 법적 책임도 달라진다는 점이다. 무료로 운영할 경우 주차장 내에서 발생하는 고객 간 차량 및 인명 사고에 대하여는 파크 운영자의 책임은 법규상으로는 없다. 하지만 유료화할 경우에는 관리자의 책무가 발생하므로 사고 발생에 대하여 운

영자가 자체 가입한 영업배상보험으로 우선 처리하고 사고 발생
에 대한 책임 비율을 물어 고객이 가입한 보험사에 구상권을 청
구하게 된다.

2) 셔틀: 트램, 저상버스, 모노레일 등

온가족이 한껏 신나
서 테마파크를 방문했을 때, 제일 먼저 경험하게 되는 곳이 주차
장이다. 광활한 주차장 속에서 방향을 잃고 헤매고 나면 빨리 입
장이라도 했으면 좋겠다는 생각이 절실하다.

　　혼잡한 특정 시간대에 주차장에 들어선 고객들을 신속하고도
안전하게 수송하는 것은 파크 운영에 있어 중요한 과업이다. 방문
고객 차량의 주차공간과 셔틀운행 공간은 철저히 분리하여 조성,
운영되어야 한다.

　　이러한 필요성 때문에 고객 수용력이 우수한 운송수단들을
여건에 맞춰 도입하고 있다. 모노레일monorail은 여러 파크들이 모
여 있는 Destination Park4의 경우에 사용되고 있다. 올랜도 월트
디즈니 월드와 동경 디즈니에서 운영 중이다.

　　대부분 테마파크들에서는 수송수단으로 트램tram5 카를 많이
쓰고 있다. 트램카의 장점은 운송 효율은 높은 반면 적은 공간으

4　데스티네이션 파크란, 일생에 한번이라도 가보고 싶어 하는 궁극의 종착지로서의 테
　마파크를 의미하는데 억지로 번역하지 않았다. 올랜도 지역의 월트 디즈니 월드는
　스스로를 그러한 파크로 규정하고 전세계 매니아들에게 광고하고 있다. 당연히 지역
　기반의 로컬 테마파크는 1day형 파크이지만, 데스티네이션 파크는 숙박 체류를 전제
　로 하고 있는 곳으로 테마파크에서 직영하거나 제휴한 체인 호텔들이 대단위로 운영
　되고 있는 곳이기도 하다.

5　트램(Tram)은 원래 도심에서 정해진 루트를 따라 궤도(rail) 위 혹은 전력공급 케이
　블 선을 따라 이동하는 대중교통수단을 의미한다.

로 운용 가능하다는 점이다. 자유자재로 회전을 할 수 있고 급한
경사만 아니라면 꾸불꾸불한 도로들을 잘 소화할 수 있다.

테마파크 주차장–정문 운송수단 예
좌: 트램, 우: 저상버스

　　일부 테마파크들은 대형 저상버스를 활용하고 있다. 지형상
경사가 심할 경우에는 트램카의 등판능력에 한계가 있으므로 버
스를 운영하게 된다. 하지만 저상버스의 경우 수송력을 높이기 위
해 일반버스보다 길게 제작되었기 때문에 운행상 회전반경 확보
를 위해 넓은 도로가 필요하다.

3) 티켓팅 부스매표소　　당연 품질 중 하나인 매표소의 개수를
몇 개로 조성하고 운영할 것인지의 결정은 파크의 티켓 판매 정
책에 따라 달라진다. 극단적으로 가장 간단하고 신속한 지불 방법
인 현금만 받을 수도 있지만 그렇게 운영하는 곳은 없을 것이다.
신용카드로 주로 결재를 하게 되면 개인과 단체, 그리고 소인, 청
소년, 대인, 경로우대 등 차등하여 가격을 적용한다. 여기에 카드
회사와 제휴 관계에 있다면 할인율도 다르기 때문에 고객 입장에
서는 사용실적과 할인율을 따져 혜택이 좋은 것으로 하려한다. 이
는 티켓 발권 속도를 더디게 하는 주요 원인이 된다. 그리고 티켓

팅 담당자의 숙련도에 따라서 티켓 발권 업무처리의 편차도 크다.

　　시간대별로 추정한 입장 인원을 기준으로 티켓 발권 속도POS 처리 속도를 감안하여 티켓팅 부스 개수를 정해야 한다. 예를 들면 1분당 평균 6매의 티켓을 발권할 수 있다고 가정할 때 예상 방문객을 시간당 5천명으로 확정하였다면 티켓 부스정확히는 창구, window 하나당 1시간에 360장의 발권 처리가 가능하고 총 14개가 운영되야 한다.

　　극성수기의 개장 초기 시간대에는 휴대용 PDAPersonal Digital Assistants를 추가 투입하여 고객의 이용 편의를 개선하는 방안으로 활용되기도 한다. 최근에는 모바일 폰이 대중화되어 사전 예매 및 확인 방식QR코드, Bar코드 등도 병행해서 이루어지고 있어 티켓팅 부스의 설계에 참고하여야 할 것이다. 발권을 위해 대기하고 있는 줄 관리가 용이하지 않기 때문에 파크 운영상 다양한 개선책을 시도한다.

　　한 부스에 한 줄 서기 방식은 가장 고전적 방식으로 소위 줄 잘못 서서 오래 기다리게 되는 것도 전적으로 손님의 운에 맡기는 경우다. 요즘은 은행이나 공항 검색대처럼 줄 서는 공간은 선착순으로 하고 순서대로 티켓 발권을 받게 하는 방식이 점차 늘고 있는 추세다. 최적의 대기행렬 이론을 적용하도록 하자.

　　파크 이용 티켓은 일반적인 영수증 형태로 할 수도 있지만, 많은 테마파크에서는 파크의 디자인이 도안된 티켓을 사용하고 있다. 분실의 우려 혹은 티켓 불법 양도의 우려가 있어 손목에 띠지 형태로 하기도 하고 최근에는 손목밴드를 나눠주는 경우도 점차 늘고 있다.

4) 입장 게이트검표   발권 후 고객들은 곧장 파크로 입장하고
싶어할 것이다. 붐비는 오전 시간대에는 주차, 수송, 발권, 입장
프로세스에 탄력적으로 인력이 투입되어 방문 고객이 불편하지
않도록 운영에 신경을 써야 한다. 검표대 1개소에서는 통상 시간
당 800~1,000명 수준에서 검표 확인 및 입장이 이루어진다. 역시
나 시간대별 방문 패턴을 사전에 예측하고 대응하는 운영의 노하
우가 필요하다. 만약 9~10시에 5,000명이 입장할 것으로 예측했
다면 검표대는 5~7개를 운영할 준비를 해야 한다. 일반 고객과
연간 회원, 그리고 단체객으로 분리하여 검표대를 운영하면 효율
적이다. 검표가 이루어지는 입장 게이트는 파크에서 근무하는 캐
스트들을 공식적으로 처음 보는 곳이라 많은 파크들에서는 친절
하고 용모가 준수한 캐스트들을 의도적으로 배치하기도 한다.

     파크로 입장하기 전 한 단계를 더 거치기도 하는데, 이른바
소지품 검사이다. 일부 워터파크에서는 외부 음식물에 의한 파크
내부의 식중독 발생을 미연에 방지하기 위해서 위생 안전관리 측
면에서 실시하고 있다. 최근에는 많은 해외 테마파크들에서 9.11
사건 이후 파크 내에서 발생할 수도 있는 테러나 범죄를 사전에
방지하기 위해 소지품 검사 실시를 의무화 하고 있다. 총기, 칼,
폭발물, 의심스러운 액체물 등에 대한 검사를 공항검사대 수준으
로 시행하고 있다. 사실 내 몸과 소지품을 검사 받는 경험이 테마
파크의 철학 및 이념과는 상충되긴 하지만, 모두의 안전을 위해
개개인의 불편을 감내하며 불가피하게 운영되고 있는 중이다.

5) 파크 내부 동선 설계: 방향, 레이아웃, 폭, 경사   대부분의
글로벌 테마파크에서는 입구 게이트를 통과하고 나면 상품점으로

구성된 메인 스트릿main street을 만나게 된다. 입장하면서는 여흥을 더해줄 소품을, 귀가길에는 기념품을 챙겨 가길 원하는 고객들의 심리를 읽은 까닭이다. 전세계 대부분의 테마파크에서는 퇴장하면서 집중적인 상품 매출이 발생한다. 하루 종일 파크에서 손에 들고 다니기에는 불편하기 때문이다. 하지만, 상품의 소비에도 이용객들의 문화적 특성에 따라 다른 양상을 보인다. 일본의 경우는 유독 희귀 한정판 상품을 많이 내어 놓는데 이 시즌에는 입장하면서 줄서서까지 기념품을 미리 사서 인근 보관소locker에 넣어두고 파크에서 노는 '선 상품 구매, 후 파크 놀기'라는 특이점이 있다. 오미야게お土産라는 일본의 독특한 선물 문화 때문에 여행을 다녀오게 되면 사회적 관계에 따라 인사 차 여러 가지 선물을 나누는 것이 관례화되어 있고 이는 테마파크도 예외가 아니어서 일본의 경우는 티켓 판매 매출에 버금가는 상품 판매 매출이 이루어진다. 다른 나라의 파크 운영자들에게는 부러움의 대상이다.

테마파크의 동선 설계는 부지의 형상에 따라 달라질 것이다. 이하에서는 부지의 형상이 정방형이고 평지라는 전제 하에서 이상적인 배치 계획을 설명하고자 한다. 이것을 기준으로 하여 부지 형상에 따라 응용하면서 동선 계획을 짜면 될 것이다.

먼저 테마파크의 롤모델이자 원형이 된 디즈니랜드의 위성사진 사이트 맵을 살펴보도록 하자.

하단부는 파크 입출구가 있는 정문지역이다. 직선으로 이어진 길은 상품점 거리이다. 중앙에 원형으로 된 광장부는 고객들을 파크 내로 분산시키는 역할을 하는 출발지점이자 만남의 광장 역

애너하임 소재, 디즈니랜드 테마파크의 전경

할을 한다. 그 안쪽 중앙에는 파크의 랜드마크landmark 역할을 하는
신데렐라 캐슬cinderella castle이 위치하여 파크 전역에서 바라보이며
방향성을 잡아 준다. 이를 중심으로 각 테마존들이 구역을 나누어
방사형으로 배치되는데 디즈니랜드의 경우 정문 상품점 거리world
bazaar를 제외한 6개 테마존으로 구성되어 있다. 이른바 파리 도시
의 구조를 벤치마킹한 것으로 보이는 방사형 형태를 띠고 있다.
도시 파리의 개선문 역할을 디즈니랜드에서는 신데렐라 성이 하
고 있는 셈이다. 실제로 디즈니랜드에 처음 방문했을 때 혼자 길
을 잃었지만 일행에 연락을 하여 중앙의 신데렐라 성에서 쉽게
다시 합류했던 적이 있다. 광활한 파크임에도 보행의 피로도가 덜
했다는 경험으로 볼 때 방사형은 테마파크의 이상적ideal인 동선
배치구조라고 할 수 있다.

02 동선 흐름의 쏠림 현상 극복

방사형 구조에서는 메인 스트릿을 지난 후 광장지역에서 우측 혹은 좌측의 갈림길에 놓이게 된다. 여기에도 놀라운 파크 기획설계자의 의도가 숨어져 있다. 여러분이라면 습관적으로 어디로 향할 것 같은지 미리 상상해 보자. 동일한 조건이라면 대부분이 오른쪽을 택한다. 그렇다면 파크 설계자에게는 이것이 무슨 문제가 될까?

파크의 여러 시설들은 오픈 초기부터 쏠림으로 혼잡하지 않는 것이 좋다. 방문객이 골고루 분산되어, 배치된 직원들이 좋은 서비스를 제공할 수 있고 어트랙션도 대기시간이 비교적 짧게 운영되기를 원할 것이다. 심리적 측면을 고려한 동선의 공간 설계는 어떠해야 할까?

디즈니랜드와 유니버설 스튜디오에서는 의도적으로 오른편 동선을 좁게 그리고 시인성이 낮도록 드라이(dry)하게 공간을 구성하고 반대편 왼쪽은 동선을 조금 넓게 그리고 색감이나 꾸밈도 눈에 잘 띄게(loud) 해 놓는다. 무의식 중에 오른편으로 향하는 심리적 이동을 왼쪽으로도 돌려세워 입장 시간대부터 파크 전 지역에 골고루 분산되도록 설계한 것이다. 여러분이 방문하게 되면 직접 관찰해 보시기를 바란다.

이러한 심리적 요소를 고려한 설계는 여러분들이 여러 지식을 통해 이미 접했을 것이다. 예를 들면 백화점처럼 테마파크도 시계를 찾아보기 어렵다. 시간이라는 관념은 일상 속으로 들어오게 만드는 요소이기 때문이다. 백화점은 체류시간을 늘이고 매출을 높이기 위한 전략적 선택6

----

6   백화점에는 시계 외에도 창문이 없다. 각 층별로 대동소이하게 1층은 명품관, 2층은 여성관, 3층은 남성관 등을 구성한다. 에스컬레이터는 상품점들을 강제로 지나가게 배치하여 상품 노출을 높이고 구매 욕구를 자극한다.

이지만, 테마파크는 그 이유가 다를 뿐이다.

그리고 각 테마존에는 핵심 어트랙션을 가장 안쪽으로 배치하여 존의 입구와 이동 동선 간 상호 간섭을 최소화하고 있다.

ISSUE
03 Closing the Loop (서비스와 경험의 완결성)

분산 조성되는 각 테마존은 그 존의 테마(주제)에 맞게 공간 연출이 이루어진다. 데코레이션, 색감, 어트랙션의 적용도 이에 따라 달리 계획되는데 테마파크 전체가 작은 소도시라면 각 테마존은 일종의 독립된 마을이라고 봐도 무방할 것이다. 테마파크의 각 존별 마을은 놀거리, 볼거리, 탈거리, 즐길거리, 먹을거리, 살거리 등의 활동들을 패키지로 담고 있는 공간이다. 이는 전문 용어로 'closing the loop'라 부른다.

하나의 환(loop) 속에서 시작부터 마무리까지 서비스나 자원이 순환하며 완결되게 한다(closing)는 의미로, 여러 산업에서 쓰이고 있는 용어이지만 테마파크에서는 하부 테마존 내에서 놀고 먹고 사는 일체의 행위가 완결되도록 조성한다는 개념에 두고 있다. 테마존의 입구를 지나면 새로운 세상이 펼쳐진다. 우선 안쪽 편에 위치한 앵커 어트랙션(anchor attraction)이 눈에 띄어 기대감과 분위기를 잡아 주게 된다. 상품점에서 판매되는 상품들도 해당 테마존에 걸맞는 것들도 비치되고, 식음시설에서도 메뉴나 데코레이션이 그러한 분위기를 살리도록 제공된다. 각 테마존은 어린이, 젊은 청년들, 가족 등 주된 타깃 고객이 잠정적으로 정해져 있다.

각 테마존에는 핵심 어트랙션(anchor attraction)이 한두 개씩 배치되는

데 어트랙션 등급상 E-Ticket급에 해당하는 것이 일반적이다. 그리고
해당 존의 예상 체류고객수와 파크 전체의 어트랙션 수용력을 검토하
여 분산구성하는 Attraction Mix를 검토해야 한다. 구체적인 설명은 추
후 별도로 다룰 어트랙션 섹션을 참조해 주시길 바란다.

ISSUE
04 전이 구역 (연결과 단절)

  각 테마존과 테마존 사이에는 전이 구역(transition area)이 있는데 이곳
은 다소 무미건조한 중립적 느낌으로 조성된다. 특정 존에서 나와서 다
음으로 이동하면서 감흥을 정리하는 구간이기 때문이다. A존과 B존이
한눈에 보이지 않도록 S자 형태로 숲길을 굽이치게 만들기도 하고 중
립적인 다리(bridge)를 건너게 해서 테마가 섞이지 않도록 시각적으로
공간을 분리시킨다.

  심지어 이 전이구역과 전후 진출입지역에는 BGM이나 BGS도 지향
성 스피커를 집중 배치하여 구역간 음향과 음악이 넘나들지 않도록 배
려하고 있다. 그리고 펜스도 고객 눈높이에서 특정 존에 집중할 수 있
도록 외부공간을 시야상 차폐하는 기능에 맞추어 설치된다.

  펜스나 전이구역 조성은 스터디 모델이나 3D 모델링을 통해 사전에
시뮬레이션하여 결정하기도 하고 혹은 간단할 경우 도면을 놓고 중심
점과 외부 구조물 간 축척을 따져서 탄젠트를 계산하여 가늠해 볼 수
도 있다. 오사카의 유니버설 스튜디오 재팬은 인근을 지나가는 고가도
로를 도저히 차폐할 수 없는 곳에 입지[7]해 있다. 실제로 공간적 몰입감

----

7 유니버설 스튜디오 재팬 인 오사카(Universal studios Japan in Osaka)의 위치는 과
   거 오사카 시의 공단 지역으로 산업의 쇠락으로 대규모 재생 사업이 필요했던 곳이

에 상당히 거슬린다는 것을 느낄 수 있다.

05 보행자 피로도 개선을 위한 동선 설계

파크 내부의 보행자 동선은 가능하다면 평지가 좋다. 유모차나 휠체어를 사용해야 하는 고객들에게는 경사지는 고역이다. 부지의 특성상 경사지가 불가피하게 포함되어 있다면 어떤 방식으로 이동 편의성을 높여야 할까?

경사의 정도에 따라 완경사에서 급경사 순으로 무빙 워크웨이(Moving walkway) → 에스컬레이션(Escalation) → 엘리베이터(Elevator)를 사용한다. 당연한 것이지만 설치구간은 무빙 워크웨이가 제일 길고 엘리베이터가 가장 짧다.

이보다 훨씬 긴 구간의 경사지를 극복해야 하는 경우는 공중으로 이동하게 되는 로프웨이(ropeway)[8]와 지상으로 이동하는 푸니쿨라(Funicular) 그리고 교량 구조물 위로 다니는 모노레일(Monorail)이 사용된다.

였다. 동경에 이어 두 번째로 큰 도시인 오사카 시는 동경 디즈니랜드가 많은 사랑을 받고 성공리에 사업을 이어가자 재생사업의 일환으로 유니버설 스튜디오를 적극적으로 유치하게 되었다.

8 로프웨이(ropeway)는 일반인들에게 친숙하지는 않지만, 업계에서 통용되는 보편적 개념이다. 일본식 용어를 아직도 우리나라에서 쓰고 있는데 삭도(索道)라고 불리며 최근에는 궤도(軌道)라는 상위개념의 하위 유형으로 쓰이고 있다. 케이블카, 캐빈 곤돌라 리프트, 스키장 체어 리프트 등 공중에 매달린 줄(rope)로 이동하는 운송형태를 통칭한다. 남산에서 운영되고 있는 케이블카와 캐빈 곤돌라 리프트의 차이는 전자는 케이블에 고정되어 있기 때문에 왕복을 하여야 하고, 후자는 착탈식(detachable) 방식으로 승하차장에서 회전하는 순환 시스템이다. 케이블카는 고정식이므로 한 번에 대량 수송이 가능하다는 장점을, 곤돌라 리프트는 착탈식으로 수송 인원은 적은 편이나 회전율이 높다는 장점을 가진다.

테마파크 경사지 극복 사례
좌: 에스컬레이터, 우: 무빙 워크웨이

로프웨이
좌: 곤돌라, 우: 케이블카

지상 운송수단
좌: 푸니쿨라, 우: 모노레일

다음으로는 파크 방문객이 이동하고 머무는 동선 공간의 설계 기준
을 살펴보고자 한다.

파크 방문객(guest)은 다양한 사람들로 구성된다. 걸어서 이동이 가능

한 사람들과 타인의 도움으로 이동이 가능한 사람들이 같이 즐기는 공간이다. 기본적으로 모든 동선은 유니버설 디자인Universal Design9에 입각하여 동선 기울기와 건물 진출입이 고려되어야 한다. 유모차나 휠체어 이동이 힘들고 위험한 경사지가 있는 경우, 건물 출입구에 계단이나 턱이 있는 경우, 출입문이 휠체어 이동에 불편함이 있는 경우 등이 그 실례들이다. 이러한 불편을 최소화하기 위해서는 우선 설계 단계에서 꼼꼼히 점검하여야 할 것이다. 완공 후에도 직접 휠체어를 타고 다니며 설계에서 놓친 부분이나 시공상 오류를 찾아 점검하는 펀치리스트(punch list) 실행을 통해 재시공 및 보완 공사를 하여야 할 것이다.

그리고 동선 설계에는 파크 이동로의 폭을 얼마로 할 것인지와 관련하여도 검토가 필요하다. 우선 평지 기준으로 일반 보행자의 통행인 수를 미터당 1천 명으로 본다. 여기에 경사도가 있다면 통행인 수를 점차 줄여서 적용하여야 한다. 통행로 주변에 레스토랑이나 상품점 등이 있다면 보행 간 간섭도 고려하여야 한다. 이 모든 동선 폭 결정 전에 각 존별로 어트랙션, 식음 및 상품 시설 등의 수용력을 고려하여 예상체류객을 정하고 해당 동선에 얼마의 게스트가 이동할 것인지 추정하는 것이 선행되어야 할 작업이라는 점도 잊지 말자.

경사도와 관련하여 여러 가지 단위를 혼용하여 쓰고 있으므로 이해를 돕고자 한다. 파크 기획자라면 반드시 알고 있어야 한다. 표현상 각도(°), %, 분수를 혼재하여 쓰고 있다. 예를 들어 분수로 1/10이라고 되어 있다면 직각 삼각형의 밑변, 즉 거리 10만큼에 높이 1만큼의 기울기를 의미한다. 분수 값(H/D)을 구해 백분율(%)로 표현한 것을 구배율이라고 부른다. 그리고 이 기울기상에서 각도를 잰 것이 경사각(°)이다. 이 경사각은 밑변과 높이의 관계를 따져 탄젠트(tangent)로 구할 수 있다.

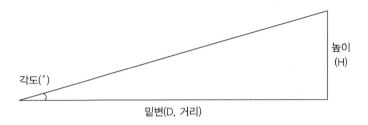

높이
(H)

각도(˚)

밑변(D, 거리)

기울기에 관한 법정 기준은 다음과 같다. 장애우 휠체어를 위한 경사
로는 기본적으로 1/18 이하를 적용하여야 하는데 부득이 좁거나 여의
치 않는 예외적인 경우에 한하여 1/12(8.3%)까지를 허용한다. 일반 보행
자는 1/8의 기울기를 적용한다.

경사각(˚)	구배율(%)	높이 / 거리	비고
0	0	-	1,000명 / 미터당
3.18	5.5	1 / 18	장애우 휠체어(1/12 예외 적용)
7.18	12.5	1 / 8	일반 보행자
9.59	16.6	1 / 6	차량 직선구간 (곡선구간 1/7.2)

미국의 테마파크들은 넓은 부지 덕분에 이러한 고민이 상대적으로
덜하다. 다만, 애너하임 지역의 유니버설 스튜디오는 언덕에 위치해 있
어 주차장과 파크 정문간 이동 편의성을 높이기 위해 에스컬레이터를
운영 중이다. 하지만, 우리나라는 많은 경우 경사지를 끼고 있으므로
설계시 많은 고민을 해야 할 것이다.

ISSUE

06 공연장 등의 수용력 산정 기준

앞서 이동 동선의 기울기, 폭 등에 대한 기준에 대하여 살펴보았다. 이어서는 공연장이나 퍼레이드 공간에서 오픈된 좌석이나 통로와 같은 곳에 앉거나 서서 관람해야 하는 경우 해당 공간의 적정 관람객 수용력을 산정하는 기준에 대하여 알아보고자 한다.

먼저, 관람석 벤치의 경우 테마파크 공연장에서는 최대한 관람객을 많이 수용하기 위해 등받이가 없는 평의자를 많이 사용한다. 파크 공연장에서 실제로 관람객들이 얼마의 공간을 쓰는지 살펴보면 과거에는 인당 40cm였으나 우리나라 사람들의 체형이 서구화되어 가고 심리적 사회적 거리도 점차 늘어 평균 50cm에 이르게 되었다.

이를 기준하여 공연장 착석 인원수를 계산해 보자. 벤치의 총길이가 200미터라면 최대 500명, 적정 400명 수준에서 공연장 운영 시 관람객 입장관리(attendance control) 계획을 세울 수 있을 것이다.

여기에 그룹간(가족, 연인, 친구 등) 한 자리씩 건너뛰는 좌석 손실률도 고려하면 좋다.

야외 공연장의 평의자형 벤치

설치된 벤치 총길이 ÷ (최대 40cm 혹은 적정 50cm) = 착석 관람객 수

다음으로, **오픈된 공간**에 스탠딩 혹은 착석할 경우의 수용가능 관람객수의 산출 공식[10]은 다음과 같다.

총면적(㎡) ÷ 수준별 적용 면적(㎡) = 수용 가능 인원(명)

서비스	명칭	면적	특징
A級	Circulation	1.21	사람들 사이로 자유로이 보행 가능
B級	Personal Comfort	0.93	Desirable Level 몸을 틀어서 비집어 이동 가능
C級	No touch	0.65	사이 이동이 매우 제약됨
D級	Jam	0.46	운신하기 어려우나 서 있을 만함
E級	Touch & Danger	0.28	옴짝달싹 어렵고 움직이면 닿음

월트 디즈니 월드, 피날레 쇼 관람 장면

----

10   실제 파크에서 적용하고 계속 관찰한 산출 기준으로 자세한 것은 Edward Hall의 「The Hidden Dimension」과 John Fruin의 「Pedestrian」 저서를 참고하기 바란다. 광장, 지하철 등 도심의 보행 공간에 대한 흥미로운 연구결과를 담고 있다.

아주 혼잡하지 않고 통로를 어느 정도 확보하는 수준이 요구된다면 통로 착석이 가능한 B레벨을 적용하고, 극성수기에 공연장을 가득 채워서라도 고객들에게 관람기회를 제공하고자 한다면 스탠딩 관람이 가능한 D레벨까지는 적용될 수 있을 것이다. 벤치와 통로가 혼재되어 있는 경우는 안전을 위한 통로 확보(생리현상, 긴급응급상황 등) 면적을 제하고 두 가지 산출 공식을 적용하여 운영 계획에 참조하면 될 것이다.

---

⑤ 편의시설의 설계 기준

테마파크의 편의시설들은 어떤 기준으로 계획되는지 살펴보고자 한다. 이를 위해서는 파크의 설계기준일이 선행으로 정해져 있어야 할 것이다.

파크 설계 기준일의 첨두 체류객 수해당일의 총 입장객 수 대비 통상 70% 정도에서 라이드와 공연 등 어트랙션을 제외한 기타 편의시설에는 15%의 손님들이 점유하고 이용하는 것으로 가정한다. 약 85%의 손님들은 본래의 목적인 어트랙션 탑승과 대기 공간 어디엔가 분산되어 있을 것이다.

충족되더라도 만족도가 높아지지 않고, 불충족되면 불만족이 커지는 당연적 품질에 해당하는 편의시설들에 대하여 개별 시설별로 설계 기준을 살펴보고자 한다.

1) 화장실restroom, toilet

테마파크의 화장실 설계 기준은 여러 가지 방법으로 검토되어 왔다. 포아송 확률분포를 통해 화장실 이용률을 추정해 볼 수도 있다. 여기서는 여러 파크들의 실제 운영

디즈니의 화장실
좌: 스타워즈, 우: 이상한 나라의 앨리스

데이터를 통해 기준을 제시하고자 한다. 전체 화장실 이용객 수는 동시 체류객simultaneous attendance11 기준으로 약 2%의 고객이 화장실에 머물러 있다는 실증적 근거가 있다.

　화장실의 변기수 추정 관련하여는 파크 입장객 중에서 남녀 비율을 적용해야 하는데 통상 남녀＝4:6 수준으로 보고 있다. 법적 요건에도 충족되며 실제 파크의 방문객 성비를 따져 보아도 크게 무리가 없다. 화장실의 분포와 배치는 손님 입장에서 100미터 이내에 도달할 수 있도록 계획되어야 한다. 화장실 내에서는 남성들의 경우는 변기70%, 손씻기 외30%의 활동이 있고 여성들의 경우는 변기60%, 손씻기 외40%의 일을 본다.

　수치적으로 확인을 해 보자. PIP 기준 3만 명의 고객이 파크에 있다고 하자. 그 시점에 화장실에는 600명의 고객이 용무를 보

11　동시 체류객이란 어느 특정시점에 얼마의 손님이 머물러 있는가의 의미이다. 첨두 파크 체류객(PIP) 개념도 이 중에 하나다. 첨두 시간대의 동시 체류객이기 때문이다. 이와는 다른 개념으로 누적 방문객(accumulated attendance)이 있으며 개장 시점부터 어느 시점까지 누계로 집계되는 방문객 수를 의미한다.

고 있다. 파크의 성비를 남녀 4:6으로 본다면 남성 고객은 240명, 여성 고객은 360명이며 남자의 경우 168개의 변기대변기: 소변기=2:3가 여성의 경우 216개의 좌변기를 필요로 한다.

테마파크의 화장실은 기능성이 강조되므로 깔끔하고 정돈된 인테리어 디자인을 적용하는 것이 일반적이며, 속해 있는 테마존의 디자인 모티브를 가져와 느낌을 전하는 정도로 꾸밈을 하고 있다.

2) 기타 편의시설: 베이비 서비스, 의무실, 흡연구역　　가족들이 주 고객으로 방문하는 테마파크는 파크 곳곳에 수유와 기저기 교체, 미아 보호 등을 위한 베이비 서비스 시설baby service center이 필요하다. 입구 지역 1개소 외, 패밀리 존 인근에 분산하여 배치하도록 한다.

의무실first aid service은 입구 지역 1개소 외, 키즈 존과 스릴 라이드가 배치된 존 인근에 두도록 한다. 어지럼증, 구토, 두통 등을 호소하는 경우를 고려한 것이다.

테마파크의 흡연구역: 야외, 포켓동선 사례

흡연구역smoking area은 각 존별로 분산하여 별도 동선pocket area
을 만들어 구석진 곳에 조성한다. 디즈니의 경우 설치된 개소가 매
우 적은 반면, 유니버설 스튜디오는 많은 편에 속한다. 가족친화
적인 파크와 다소 젊은 층이 많은 파크 간의 객구성 차이를 고려
한 탓이다.

3) 스트릿 퍼니처벤치, 휴지통, 음수대   테마파크 내에는 거리 곳곳
에 편의 시설물들이 있다. 이 시설물들의 설치에는 해당 지역의
문화적 특성도 반영되어야 한다. 선험적으로 파악된 일반적인 설
치 기준과 파크 내 배치를 위한 고려사항들은 다음의 표를 참조
하기 바란다.

테마파크 내 거리 기구들의 설치 기준과 고려 사항

종 류	설치 기준	배치 고려 사항
벤 치	30~50미터 간격 가능하면 그늘막 조성	어트랙션 입출구(미이용 일행 대기) 패밀리, 키즈존 푸드 키오스크 주변 추가 배치
휴지통	20~40미터 간격	푸드 키오스크 주변 추가 배치
음수대	체류인원 1만명당 10개	화장실 입출구 주변(水電시설) 키즈존 추가 배치

테마파크의 벤치bench는 스트릿 퍼니쳐의 얼굴이다. 일반 기
성품 중에서 고품질의 것을 사들이어 설치하는 경우도 많지만, 해
당 지역의 테마를 입히거나 캐릭터 조형물을 설치하는 등 파크의
심미적 요소amenity를 살리기 위해 별도 제작하는 사례도 많다.

테마파크의 벤치
좌: 기성품, 우: 지역 테마 적용 특수 제작

휴지통waste/garbage/trash can의 경우는 환경 연출에 있어 계측과 같은 요소이다. 파크에 휴지통이 많은 것은 결코 바람직한 상황은 아니다. 하지만 파크 운영에 있어 거리에 쓰레기가 굴러다니도록 결코 허용해서도 안 된다. 많지도 적지도 않게 필요하지만 드러나지 않게 비치되도록 하여야 한다. 해당 지역의 파크 이용 행태상 방문객들이 소지하고 있는 쓰레기를 아무데나 막 버리는 특성이 있다면 좀 더 촘촘한 휴지통 배치가 필요할 것이다.

본래의 기능에 충실한 상업적commercial 기성품을 쓰기도 하지만, 테마파크의 특성상 대체로 해당 지역의 테마를 적용하여 작업을 한 번 거친 형태의 것들을 배치하는 것이 일반적이다. 최근에는 태양광을 활용한 스마트 휴지통들도 시제품으로 나오고 있어 일부 테마파크에서 도입하여 쓰고 있다. 친환경적 파크라는 상징적 이미지를 위해서는 좋으나, 제품 내구성이나 효용성 측면에서 우수하지는 않아 아직은 널리 보급되고 있지는 않다.

디즈니 테마파크에서 일부 휴지통을 활용하여 거리 쇼 연출

좌: 디즈니랜드의 테마화 휴지통, 우: 친환경 태양광 휴지통

을 한 사례를 소개할까 한다. 손님을 즐겁게 하기 위해 뭐든 할
수 있다는 것을 보여주는 좋은 사례이기 때문이다.

　　어린이가 휴지를 넣으려고 하자 휴지통이 움직이며 말을 건
다. "안녕, 친구~! 휴지를 잘 넣어줘서 고마워." 어린이는 예상치
못한 상황에 무슨 일이지 하며 재밌어하고 사람들은 휴지통 주변
에 모여서 사진을 찍고 같이 대화를 즐긴다. 가끔 해당 지역의 캐
릭터 연기자들이 지나가다 합류하여 이 거리공연을 더욱 풍성하
게 연출하기도 한다.

　　이 퍼포먼스를 담당하는 휴지통 명칭은 'PUSH, the talking
trash can'이다. 작동 원리는 휴지통 내부에 무선으로 작동되도록
자유자재로 움직일 수 있는 전동 장치와 배터리가 있고, 전파 수
신 장치와 캐릭터에 걸맞은 음성으로 변조할 수 있는 장치 및 스
피커가 부착되어 있다.

　　인근에 잘 찾아보면 이 광경을 관찰하면서 실시간 연기하는

일반인 복장의 캐스트가 반드시 있다. 이 캐스트는 음성을 내보내는 트랜스미터transmitter와 작동을 위한 컨트롤러를 소지하고 있다. 등에 가방backpack을 메고 있는데 특이한 것은 손님과 같은 복장으로 숨은 채로 들키지 않으려고 한다는 것이다.

　가끔 주변이 시끄럽고 대화를 나누는 손님의 음성이 명확하지 않아서 거듭 묻기도 한다. 그러면 어떤가! 재치있고 발랄한 입담에 대화를 나누는 손님과 일행들, 이를 지켜보는 구경꾼들은 까무러친다. 휴지통과 대화를 나누는 장면은 유튜브를 검색하면 영상시청이 가능하다.

　최근의 진보된 기술을 활용한다면 더 흥미진진한 거리 공연도 얼마든지 가능할 것이다. 휴지통에 고성능 카메라를 설치하고

디즈니 투모로우랜드의 말하는 휴지통, 'PUSH'

캐스트는 인근 조작실에서 원격으로 연기를 할 수도 있을 것이다. 말하는 분수나 거리 조형물도 소소하게 파크에 오신 손님들에게 이색적인 경험과 재미를 줄 수 있는 소재가 될 수 있다.

음수대drinking water fountain의 경우 지역 테마를 활용한 조형물 형태로 제작되어 설치되는 경우가 많다. 하지만 고객들 스스로 거리 음수대를 다른 사람들과 같이 이용하는 것에 거부감도 있고, 파크 입장에서도 생수 판매라는 매출 개선을 위해 점차 음수대를 줄여가는 추세이긴 하다.

디즈니 애니멀 킹덤 음수대. 헐리웃 스튜디오 스타워즈 음수대

테마파크의 특수성

테마파크의 특수성

① 가공의 연출 기술Pretend Technology 적용

테마파크는 일반 건축물과 공간과는 다르게 '비일상성'의 구현을 위하여 여러 가지 특수한 연출기법을 적용한다. 이른바 Pretend Technology가공의 연출 기술이라고 하는데 일반 건축비보다 다소 높은 비용이 소요되더라도 필요에 따라 적용하고 있다.

가공 연출 기술의 적용 사례, 곡선 건축선과 동화의 나라

첫째는 에이징Aging이다.

오래된 느낌을 줄 수 있도록 고의로 때나 얼룩을 입히는 방법이다. 얼핏 보기에는 낡은 소품이나 소재가 자연스럽게 있는 것처럼 보이나, 실제 시공시에는 이러한 적합한 소재를 구하는 것이 현실적으로 불가능하고 유지보수 관점에서 더 큰 어려움이 있어 시공한 후 의도적으로 색을 입히거나 부식되게 하는 등 표면과 형태를 변형하여 목적에 맞게 연출하는 기술들을 통칭한다.

유니버설 스튜디오, 항구 지역을 표현한 에이징 연출 사례

색채 계획color scheme과 유지 보수 방법 관련한 매뉴얼이 작성되어 있어야 한다. 변색이나 훼손 등 의도하지 않은 에이징이 발생하였을 때 계획된 에이징 품질을 유지하도록 보수 관리를 철저히 해야 한다. 태풍이 휩쓸고 간 흔적, 오래된 항구 컨셉, 나뭇결 느낌의 표현, 빗물 자국의 의도적 표현 등 다양한 분위기 연출을 위하여 사용되고 있다. 공사비 측면에서 보면, 에이징 비용은 일반적 조성비의 추가금이다.

둘째는 원근법forced perspectives이 있다.

원근법은 어느 공간에 현실과는 왜곡된 높이와 깊이를 부여
하여 스케일감을 더욱 강조할 필요가 있을 때 사용된다. 일반적으
로 테마파크는 편의성과 접근성 등을 감안하여 2층 이상의 공간
은 쓰지 않는 것이 일반적이다. 하지만 1층짜리 단층 건물들만 있
는 거리를 생각해 보자. 주택가처럼 얼마나 심심하겠는가? 대부
분의 다운타운은 2층 이상의 건물이 들어설 텐데 이럴 때 건축물
의 전면부, 즉 파사드facade만 높게 세워 분위기를 잡아가는 것이
적절한 대안이 될 수 있다.

통상의 테마파크 입구부를 메인 스트릿Main Street이라고 부른
다. 이곳은 동화의 나라에 있는 가상의 공간일 수도 있고 미국이
나 유럽의 어느 거리가 그 컨셉일 수도 있다.

동경 디즈니랜드, Bazaar World의 상품점 거리

이를 연출해야 할 건축가의 입장에서는 두 가지 딜레마를 해결해야 한다. 군이 사용하지도 않는 2층 이상의 건축물을 조성하면서도 공사비를 절감하여야 하는 것이다.

이러한 경우 1층은 동일한 높이로 하고 2층부터 위로 갈수록 과감하게 스케일을 단계적으로 줄여 그 건물을 위로 바라보는 고객의 시각에 착시현상을 부여하게 되면 공사비 절감뿐만 아니라 의도된 연출 결과를 얻게 할 수 있다.

세 번째로는 트롬프레이유Trompel'oeil라는 방식이다.

흔히 프랑스 영화에서 많이 등장하는 기법을 파크에 응용한 것이다. 정교하게 묘사된 배경화를 사용하여 실물로 착각할 만큼 정교하게 실사로 그려내는 방식이다.

가장 널리 알려진 사례로는 유니버설 스튜디오의 뉴욕거리

유니버설 스튜디오 파크의 트롬프레이유 사례

지역에 위치한 막다른 골목이다. 콘크리트 벽 위에 고층 빌딩 거리를 실사풍으로 그려놓아 마치 거리가 연장된 느낌을 부여하고 있다.

마지막으로 락워크Rock Work라는 연출 방법이 있다. 상위 개념인 Art Work의 여러 형태 중 하나이다.

건축물 외관, 바위, 나무 등을 콘크리트, FRP 등의 재료로 정교하게 재현하는 것을 말한다. 원하는 크기, 모양, 색상 그리고 질감을 현실 속에서 구하기 쉽지 않을 때 인공적으로 표현하는 방법이다. 내구성, 비용, 시공 용이성 측면에서 유리한 경우가 많아 널리 사용되고 있다.

월트 디즈니 월드의 애니멀 킹덤, 중앙 '생명의 나무' 락워크 사례

올랜도 디즈니의 애니멀 킹덤 중앙에 위치하여 디즈니랜드의 신데렐라 캐슬처럼 랜드마크 역할을 하고 있는 거대한 '생명의 나무' 락워크 구조물에는 지구상에 사는 많은 동물들이 부조 형태로 새겨져 있다. 락워크 기법의 수작master piece으로 손꼽힌다.

국내에서도 이 기술은 점차 보편화되고 있는데 에버랜드의 동물원, 주토피아 지역에 위치한 대형 초식동물 사파리인 '로스트 밸리'에는 동굴, 산악지역, 신전, 수로, 심지어 동물들의 먹이통까지 광범위하게 적용하여 분위기를 연출하고 있다.

ISSUE

⟨01⟩ 테마파크 아트 워크(art work)의 종류

락워크(rock work)란 주성분이 GRC(Glass fiber Reinforced Cement, 유리섬유 강화 시멘트)로 조형물이 암석 같은 느낌으로 제작되는 것을 의미한다. 그 제작 순서는 다음과 같다.

1) 만들고자 하는 형태의 샵 드로잉(shop drawing)을 작성한다.
2) 토목기초에 고정할 필요가 있다면 매트 기초를 작업한다.
3) 주 철근과 보조 철근으로 용접 등 골조 형태를 만든다.
4) 만들어진 철근 구조물에 매쉬(mash) 망을 설치한다.
5) 유리 성분이 섞인 시멘트 몰탈(mortar)[1]로 성형을 한다.
6) 조각 도구를 사용하여 의도한 형태를 완성한다.
7) 다양한 몰탈 뿜칠 도구와 기계를 활용하여 표면을 완성한다.
8) 페인트로 질감을 살린 마감 작업을 한다.

아트 워크 중에서 가장 강도가 좋아 내구성이 뛰어나므로 조형물 형태는 영구적이다. 다만, 시멘트 성상상 백화 현상이 나타나고 표면의 칼라 마감에서 변색이 발생하므로 주기적인 유지보수 작업을 통해 품질 관리(QC, quality control)가 필요하다.

이 작업의 백미는 동경 디즈니 시(disney sea)의 중앙 화산 구조물이다.

----

1 개념 정리를 하자면, 우리가 아는 콘크리트(concrete)에는 물, 시멘트, 세골재(모래), 조골재(가는 자갈)로 구성이 된다. 여기서 조골재를 제외한 물, 시멘트, 세골재로 구성된 밀도가 높은 것을 몰탈(mortar)이라고 한다.

엄청난 철골 작업과 구조 계산, 그리고 정교한 락워크 작업을 거쳐 만들어진 걸작이다.

다음으로는 FRP(Fiber Reinforced Plastics, 섬유 강화 플라스틱)를 소재로 하여 조형물을 제작하는 방법이 있다. 불포화 폴리에스테르 수지를 유리섬유와 섞어 소재를 만든 뒤 사전에 만들어 둔 주형(mold)에 부어 굳힌 뒤, 표면을 마감하고 페인트로 도장하는 방식이다. 플라스틱으로선 매우 단단한 편이고 열과 화학적 영향이 적어 변형이나 부식에 강한 편이다. 요트 등 소형 선박, 경비행기의 동체 소재로 쓰이기도 한다.

마지막으로 쓰이는 조형물 제작 방법은 우리나라에서는 스티로폼(styrofoam)으로 불리는 EPS(Expanded PolyStyrene, 발포 폴리스틸렌) 소재를 사용하는 것이다. 조형틀을 만들고 EPS재료를 채워 굳힌 뒤 표면 처리를 하는 방식으로 가장 저렴하고 신속하게 제작이 가능하나 조형물의 형태가 조악하고 충격에 약해 테마파크의 조형물 제작 방식으로는 부적합하다.

---

② 기타 '가공의 연출' 방법들

이외에도 설계시에 적용되는 연출기법으로는 파크 내의 고객동선을 최대한 곡선화하여 거리감을 배제하고 공간에 몰입하게 하는 방법, 조닝Zoning이 끝나는 경계지역에 언덕이나 둑을 조성하여 외부와 의도적으로 차단하는 방법, 건축물은 전면 파사드에 집중하여 표현하고 건물 뒤편이나 지붕 등 감추어야 할 부분에는 차단벽 등으로 마감재 처리를 하는 방법 등도 비일상적 환경연출을 위해 사용하고 있다.

③ '가공의 연출기법' 적용 범위

이러한 가공의 연출기법을 사용하여 표현하는 영역은 파크 전역이라고 할 수 있다. 게스트에 노출되는 어트랙션라이드, 라이브 엔터테인먼트 등을 통칭, 상업시설상품점, 레스토랑, 카트, 메뉴, 식기, 포장지 등, 연출시설Gate, 심볼, 사인, 매표소, 깃발, 배너 등, 환경건축, 조경, 광장, 편의시설, 도로 등, 서비스 시설화장실, 음수대, 안내시설, 관리동, 교통시설 등에서부터 CI 및 BI네이밍, 로고, 광고/홍보물 등에 이르기까지 말 그대로 파크의 모든 곳에 해당한다.

───
테마 연출의 적용 영역(사례)
좌: 디즈니 곰돌이 푸 어트랙션, 우: 디즈니시 슬리피 훼일 상품점

───
좌: 디즈니 데이지 스낵 웨건, 우: 디즈니 투모로랜드 미키 햄버거

좌: 디즈니랜드 파크 중앙 랜드마크(신데렐라 캐슬), 우: 디즈니시 이탈리아 베네치아 구역

유니버설 스튜디오 파크의 거리(좌), 벤치(우)

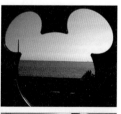

동경 디즈니랜드, 리조트 모노레일

어트랙션의 종류:
라이드, 공연, 극장 등

어트랙션attraction이란, 손님의 눈길을 끄는 매력물들을 총칭하는
개념이다. 시설물, 공연, 퍼레이드, 연출 환경, 캐릭터 등 포괄적
인 광의의 의미로도 볼 수 있으나, 이하에서는 공연과 라이드에
한정한 협의의 개념으로 설명하기로 한다.

① 라이드 어트랙션ride attraction

탑승객에 재미, 즐거움, 스릴, 흥분 등의 경험을 제공하기 위해,
도보 혹은 기계 장치인 탑승물ride vehicle에 태운 채로 고정되거나
자유로운 움직임을 가지는 루트나 코스를 이동시키는 파크 내의
놀이시설을 의미한다. 코인 작동물이나 무빙 워크웨이, 리프트,
트램 등 단순 이동수단은 제외한다. 체험을 제공하는 방식type에
따라 다음과 같이 세분화된다.

가. (스릴) 라이드형 (thrill) ride type   격렬한 움직임에 동반되
는 스릴을 즐기는 것이 주체가 되는 어트랙션으로 여기에는 롤러
코스터,2 회전spinning형 놀이기구, 스윙swing형 놀이기구 등 친숙한

----

2 롤러 코스터(roller coaster)는 말 그대로 트랙(track)이나 레일(rail)상에 굴림대(roller)
   로 이동하며 즐기는 놀이기구를 의미한다.
   재질(material)의 종류에 따라 아이언(iron) 코스터, 우든(wooden) 코스터로 분류된다.
   구동 원리로는 우든 코스터 류는 승물(vehicle)을 일정구간 고도를 높이고 난 후 중
   력의 힘에 의한 자연 낙하 방식으로 주로 운행된다.
   아이언 코스터 류는 처음에는 체인(chain)이나 케이블(cable) 리프트의 힘으로 상단

놀이기구들이 포함된다.

현존 최고 시속의 roller coaster, Formula Rossa in UAE

까지 승물(vehicle)이 끌어 올려지는 것은 우든 코스터와 유사하나, 낙하 이후에 LSM
(linear synchronous motors, 선형 동기 모터), LIM(linear induction motors, 선형
유도 모터), 유압(hydraulic) 혹은 공압(pneumatic) 등의 동력을 이용하여 승물을 더
욱 가속하고 회전(looping) 등의 스릴 체험이 가능하다는 점에서 차이가 있다.

코스터 설치에 필요한 면적도 자연낙하 방식을 채택하는 우든 코스터가 강제로 동력
에 의해 궤도를 구겨 넣을 수 있는 아이언 코스터에 비해 넓게 요구된다.

코스터의 내구성 측면에서는 직관적으로는 우든 코스터 류가 나무로 되어 있어 짧을
것 같으나 사실은 정반대이다. 우든 코스터는 수만 개의 나무조각으로 구조물이 세
워져 있어 균열(crack) 등 이상 유무 발견 시 교체 가능한 유지보수 방식을 쓰고 있
는 반면, 아이언 코스터는 궤도 구간의 일부가 비파괴 검사 결과 균열이 확인될 경우
해당 구간 궤도 전체를 교체할 수밖에 없으므로 기종 수명이 오히려 짧은 편이다.

그리고 아이언 코스터 중에서 서서히 고지점으로 이동하지 않고 이러한 동력을 초기
부터 적용하여 출발부터 급출발, 급가속하여 마치 미사일이 발사(launched)되는 것
같은 느낌을 주는 강화된 스릴 체험형 코스터의 형태를 런치 코스터(launched roller
coaster)라고 부른다. 가장 최신형으로 롤러코스터 매니아들에게는 선망의 대상이나
기종 가격이 높고 많은 전력을 소비하며 유지 관리비가 높은 단점도 가지고 있다.

나. 쇼 체험형 show experience type 　　움직여 가면서 쇼 shows, 연출 무대, 영상, 애니매트로닉스 등를 즐기는 것이 주가 되는 어트랙션을 의미한다. 특성상 주로 어두운 실내 시설에서 운행되므로 다크 라이드dark ride3라는 별칭을 가지고 있다.

―
쇼 체험형 1. 디즈니랜드, 캐리비언의 해적들4

3　다크 라이드(dark ride)란 암전된 공간속에서 일정한 테마를 가지고 인공적으로 만들어진 쇼세트를 보트, 차량, 플로터(floater), 모션 베이스 라이드(motion based ride) 등의 다양한 승물(ride vehicle)을 타고 즐기는 어트랙션을 의미한다. 전체적으로 어두운 조명 속에서 관객의 오감(五感)을 집중시켜 라이드 체험의 극대화를 꾀하는 것이 특징이다. 고도로 정밀하게 제작된 움직이는 인형(animatronics), 영상물, 조명과 음향, 씬(scene)별로 구분된 테마 및 각종 특수효과 요소(바람, 냄새, 불, 물 등)를 사용하며, 승물의 운행 경로상 모든 요소가 동기화(synchronized) 및 테마화(themed)되어 쇼 세트를 연출하고 있다.

4　디즈니랜드의 '캐리비언 해적들' 어트랙션을 특이한 사례로 소개한다. 통상 영화나 애니메이션이 먼저 선보이고 이 중에서 히트작들이 테마파크에 어트랙션으로 개발되는 것이 일반적이다. 하지만 '캐리비언의 해적들'은 어트랙션으로 먼저 선보인 뒤 나중에 스토리를 보강하여 영화로 제작된 경우에 해당한다.

쇼 체험형 2. 유니버설 스튜디오, 어메이징 어드벤쳐 오브 스파이더맨

다. 극장형 theater type　　극장식 좌석에 앉아 쇼를 감상하는 어트랙션 유형을 의미한다. 관람 내용으로는 사람이 등장하는 쇼 공연, 홀로그램, 가상현실virtual reality, 편광 필름 안경을 쓰고 관람하는 3D/4D/5D의 실감형 영상물 등이 있다. 관람석도 고정식에서 모션 베이스motion base로 변경하여 좀 더 실감나게 하는 추세다.

　　정해진 시간에 일정 루트를 따라 펼쳐지는 야외형 퍼레이드parade 공연은 라이브 엔터테인먼트live entertainment로 분류되며 극장형 어트랙션과 개념상 구분이 필요하다.

극장형 어트랙션: 유니버설 스튜디오, Shrek 4D

라. 참가형 interactive type　　실제 자신이 움직이거나 행동하는 것을 즐기는 것이 주체가 되는 어트랙션이다. 연출 방식은 입체형 영상물, 쇼 세트 동작물 등 다양하다. 승물vehicle 형태도 플로터, 차량, 트랙 등으로 다양하다. 다만 센서sensor 부착된 디바이스device로 유무선 작동하여 진행되는 특성상 수로에 떠서 이동하는 보트 형태는 지양하는 편이다. 물론 승물 없이 직접 걸어서 체험하는 워크 쓰루walk through 방식도 가능하다. 가정에서 많이 즐기고 있는 컴퓨터 게임을 테마파크에서 업그레이드한 버전으로 보아도 무방할 것이다.

참가형 어트랙션: 디즈니 Buzz Lightyear's Astro Blaster

② 워터 라이드water ride

수로를 따라 이동하는 승물에 탑승하여 쇼 에어리어를 지나며 감
상하는 어트랙션의 한 형태이다. 탑승물ride vehicle은 자유주행형
혹은 케이블 견인형 보트와 플룸flume, 통나무이 일반적이다. 최근에
는 롤러 코스터를 수로 구간으로 운행하는 하이브리드hybrid 형태
도 많이 등장하였다.

워터라이드: 올랜도 시월드의 Journey to Atlantis

③ 라이브 엔터테인먼트live entertainment

상설 공연장을 두고 공연 콘텐츠를 정기적으로 보여주는 쇼show 형태와 일정 구역의 거리를 이동하면서 정해진 시간대에 관람하는 퍼레이드parade 형태 2가지가 있다.

　기계적 장치에 의해 작동되는 라이드 어트랙션과는 달리 연기자들의 역할에 의존하는 엔터테인먼트의 형식이다.

라이브 엔터테인먼트 1. 유니버설 스튜디오 재팬, 워터월드 쇼

라이브 엔터테인먼트 2. 퍼레이드 공연

어트랙션의
도입 과정process

파크 전체의 테마, 컨셉 그리고 이를 세분화한 하부 존sub zone과 동선 계획이 정리되면, 어떤 어트랙션을 도입해서 손님들에게 즐기게 할 것인가의 큰 틀을 짜야 할 것이다.

이 과정에는 사전 기종 조사와 검토 단계를 거쳐야 하며, 실제로 운영되고 있는 파크에 직접 가서 사례조사benchmarking를 실시하고 해당 파크의 담당자를 섭외하여 인터뷰할 것을 권장한다.

앞서 설명한 어트랙션의 종류와 특성을 잘 파악하여 각 테마존에 어울리고 전달하고자 하는 콘텐츠에 적합한 기종을 선정하여야 한다. 어린이kids 손님들이 주로 이용하게 될 곳과 젊은 고객들young adults이 이용할 존은 분명 어트랙션의 도입 내용도 달라질 수밖에 없다.

전체적인 마스터 플랜 수립 과정에서 각 존별로 어트랙션 위치와 면적이 정해지고, 어떤 테마를 적용할 것인지 방향이 정해질 것이다. 테마파크 전문 설계사가 참여하였다면 어트랙션별 요구조건면적 등을 대략적 수준에서 미리 담을 수 있을 것이다. 라이드 시스템의 제작과 설치는 라이드 제작사들5이 맡고 여기에 테마를

----

5   롤러 코스터 등 라이드 어트랙션 제작사, 다크 라이드와 같은 쇼세트와 맞춤형 탑승물(vehicle)을 기획하고 제작하는 제작사, 파크 내외 테마기차, 트램카와 같은 수송형 차량(vehicle) 제작사 등 3가지 그룹의 제작사들이 있다. 쉽게 조사 가능하며, 일부 대형 제작사는 국내 에이전트를 운용하고 있다.

입히는 작업은 사업자와 인테리어, 조형물 제작업체가 별도로 진
행하게 된다.

　표준적인 라이드 어트랙션 도입 과정은 다음과 같다. 쇼, 다
크 라이드는 이를 변용하면 될 것이다.

1) 어트랙션 요구 조건서owner's requirement, OR 발송

　부지 현황, 도입 희망 기종 혹은 스펙, 시간당 수용력, 프
　로젝트 일정, 적용할 테마와 컨셉, 역할과 범위 등을 포함

2) 제작사의 참여의향서intent of participation 접수

　제작사에서 OR을 검토하고 참여 여부를 정한 답변서로
　기 제작되고 있는 기종이 아니거나, 타 프로젝트로 인해
　참여가 어려울 경우 거절하는 경우도 발생

3) 제안서request for proposal, RFP 발송

　참여 의향이 있는 제작사를 중심으로 제안하려는 기종의
　기술적 특성, 차별적 요소에 더하여 제작 단가, 계약 조건
　운송/부품공급 등, 일정 등을 요청

　공정을 기하기 위해 평가기준도 포함

4) 제안서 접수, 평가evaluation 및 선정selection

　평가 기준에 따라 발주처사업자 내부 제안서 비교검토제작사
　방문 출장 및 조사를 권장함

　선정 결과, 참여 제작사 모두에 통보

5) 제작사 협상negotiation 및 계약contract

　제안가격, 일정, 서비스 조건 관련하여 필요시 협상 진행
　최종 협의된 내용을 바탕으로 계약 체결

계약 내용에는 대금 지급 조건을 제작 일정과 연동할 것

특히, 주요 핵심 부품들은 여유분 납품을 포함할 것

6) 착수금 지급 및 현장 검수

계약 체결에 따른 선급금 지급

담당 엔지니어 제작사 방문 킥오프kick off 미팅

7) 단계별 제작 과정에 따른 중도금 지급 및 현장 검수

통상 제작사는 발주처 대금으로 어트랙션 제작

단계별로 제작 진행을 확인하고 대금 지급 조치

8) 파트parts 운송shipping and delivery

계약CIF, Ex-Work 등6에 따라 조립부품 운송 진행

----

6 모든 인도 조건은 영문의 의미상 판매자 혹은 인도자의 관점에서 표현되어 있다고
이해하면 편하다.

EX-WORK란 '공장 인도' 조건을 의미한다. 영문의 느낌을 설명하자면, 작업(work)
전(ex, ex-girlfriend)까지만 책임진다는 뜻이다. 즉, 공장 혹은 창고에서 나가는 순
간부터는 수입업자(어트랙션 발주자, 인수자)가 모든 일을 처리해서 가져간다는 것을
뜻한다.

수입업자는 현지 내륙운송비 → 수출통관료 → 선적료 → B/L(bill of lading, 선하船荷
증권) 발급비 → 해상운송료 → 해상보험료 → 하역료 → 자국 내 수입통관 → 관세 →
자국 내륙운송료 → 창고료 등 일체를 부담하는 조건이다. 회사 내에 담당 부서와 전
문 인력이 있어 비용 절감이 가능하다면 선택할 수 있지만 흔한 경우는 아니다.

FOB(free on board)란 '본선 인도' 조건을 의미한다. 영문으로 보면 인도자(어트랙션
제작사)는 배에 실린 때(on board)부터는 책임이 없다(free)는 뜻이다. 인도자는 제
품 출고부터 배에 물건이 선적될 때까지 모든 비용을 부담하는 조건으로 계약을 하
는 것이다. 즉 공장 → 내륙운송 → 수출통관 → 선하증권(B/L) 발급 시까지 책임을 진
다. 배에 ON BOARD될 때까지의 모든 비용을 부담한다. 선적할 항이 만약 인천항이
라면 FOB INCHEON으로 부른다.

소요되는 비용을 자세히 설명하면 ① 공장 혹은 창고에서 수출항까지 운송하는 데
드는 내륙운송비, ② 수출항에 도착하면 수출 허용 품목 여부 확인, 서류와 물품 일
치 확인, 원산지 확인 등 해당국가의 관할 세관 수출필증을 발급 받는 데 드는 수출
통관비, ③ 수출통관 허가 후에 선박에 선적하는 데 드는 크레인 사용료, 작업자 인
건비 등 선적 비용, ④ 선적과정에서 멸실이나 파손 유무에 따른 확인서인 선하증권

9) 현장 조립assembly 및 설치installation

라이드 제작사는 라이드 조립 및 설치와 관련한 엔지니어링만을 담당하고 구조물 기초 공사 등 토목공사는 로컬의 도급업체가 담당.

10) 시운전test running 및 프로그래밍: dummy 사용

설치 완료 후에 단계별 시운전 시행

승물vehicle만 → 계획 중량 부착 → 인체 모형dummy 순으로 사전 시운전을 통해 운행 프로그램 세팅계획 중량은 성인 당 평균 70~75kg을 통상 기준으로 한다.

11) 펀치리스트punch list 조치

시운전을 통해 발견된 에러 보완 작업

12) 어트랙션 이관hand over 및 잔급 지급

제작사 엔지니어 및 슈퍼바이저로부터 운행 확인 이관

13) 소프트 오픈soft open: 직원, 초청객, 언론press 대상

14) 그랜드 오픈grand open

발급비까지 포함되는 것이다.

CIF(cost, insurance, freight)란 '운임 보험료 포함 가격'조건을 의미한다. 인도자(제작사)는 제품 출고부터 제품이 수입국 항에 정박할 때까지 모든 비용을 부담하고 책임을 진다는 뜻이다. 예로 CIF-INCHEON KOREA라고 하면 한국의 인천항 도착까지 책임지고 부담한다는 의미이다.

앞서 FOB와 달리 인도자는 해당국가의 목적항까지 운송 운임비를 부담한다. 아울러 안전한 운송을 위해 적하보험료도 부담한다. 이 경우 인수자(발주처)는 컨테이너에서 물건을 내리는 하역비용부터 수입통관세, 관세, 내륙운송료 등 자국에서 발생하는 모든 비용을 부담한다.

테마파크의 꽃, '어트랙션' 검토 기준

새로 생긴 테마파크 놀이기구를 찾아 즐기는 특이한 해외 동호회를 투어 가이드 한 적이 있었다. 명산을 찾아 다니는 등산 동호회, 트래킹 코스가 좋다면 마다하지 않는 자전거 동호회, 유명 맛집을 탐방하는 식도락 동호회, 경치 좋다는 곳은 다 캠핑을 해 보고 싶어 하는 캠핑족들은 익히 알고 있었지만 이런 동호회가 있다는 것이 생소하고 신기했다. 코스터를 타고 나서 너무나 좋아하는 그들에게 뭐가 그렇게 좋은지 그리고 놀이기구 몇 개 타려고 이 값비싼 여행을 즐겨하는 이유가 궁금해서 물었었다. 그들은 이렇게 답을 했다. "내가 부지를 장만하고 수백억, 수천억을 들여서 만든다고 생각해 보라. 고작 수백만 원 들여서 이런 것을 탈 수 있다는 것이 아깝다고 할 수 있는가"였다. 그들은 현명한 것인가? 어리석은 것인가?

① 어트랙션의 세부 구성

테마화된 하부존themed sub-zone 내에 위치하는 어트랙션들은 체험의 순서에 따라 다음과 같은 구역들로 구성되어 있다.

우선 입구 게이트 인근에는 어트랙션의 기종명을 담은 가시성 좋은 사인물과 함께 어트랙션 이용객 수를 계수count하는 턴스타일turnstile 혹은 센서 게이트가 설치되어 운영된다. 여기서 집계된 데이터는 당일의 운영상황을 정보화하여 어트랙션 운영 관리에 활용된다.

유니버설 스튜디오, 쥬라식 파크의 입구 게이트

    만약 수집된 이용객수 데이터를 분석한 결과, 수용력은 충분하나 지속적인 이용객 저하를 기록하고 있다면, 중장기 계획을 세워 더욱 매력적인 대체 어트랙션 도입을 검토하고 단기적으로는 대기시간 정보를 제공하는 파크 게시판 등을 활용하여 손님들이 더 찾고 이용하도록 유도하고 배너, 팜플릿, 사인물 등의 가시성을 높여 접근성을 개선하는 등의 노력이 필요하다.

　이와는 달리 수용력에 근접하는 수준의 이용률을 지속적으로 기록하고 있고 대기라인에 늘 손님이 많다면, 파크 내에서 해당 어트랙션의 기여도가 매우 크다고 할 수 있다. 이런 기종에는 유지보수 및 운영 효율을 높이기 위한 계획을 실행해야 한다. 기종이 고장 나지 않도록 점검하고, 운행 시 빈자리를 최소화할 수 있는 홀로 타기Single rider를 시행하고, 타고 내리는 프로세스를 단축하기 위한 운영 프로그램을 준비해야 한다.

　어트랙션의 대기라인은 통상 30분을 수용하도록 설계된다. 만약 앵커 어트랙션이라면 1시간 대기구역을 적극 검토해야 한다. 장애우나 거동이 불편하신 손님들을 위해 대기구역을 건너뛰는 별도의 지름길shortcut 동선7도 만들면 좋다. 만약 대기동선이 야외에 조성된다면 더운 여름철을 대비한 그늘막, 나무 식재 등에 신경을 써야 한다. 예산상 및 공간상 가능하다면 냉난방 및 눈,

----

7　지름길 동선을 이용할 수 있는 특별 티켓을 디즈니에서는 Fast Pass, 유니버설 스튜디오에서는 Express Pass, 국내 에버랜드에서는 Q-Pass라고 부르고 있다. 디즈니는 이 티켓을 무료로 파크 전역에 설치된 어트랙션 발권기에서 순차적으로 배포하나, 유니버설 스튜디오는 별도의 과금 상품(big3, big5 등)으로 유료로 판매하고 있다. 이는 두 파크의 운영철학이 사뭇 다른 데서 비롯되었다고 할 수 있다. 디즈니의 경우 파크에 입장한 이상 손님들은 빈부를 떠나 공평하며 자기 노력으로 그날에 꼭 타보고 싶은 몇몇 어트랙션의 우선 탑승권을 스스로 구하도록 발권 시스템을 운영하고 있는 반면, 유니버설 스튜디오는 자기 지분이 낮고 타인자본에 의해 경영권을 지배받고 있으므로 이익 극대화라는 자본주의적 논리에 충실하게 운영되고 있어 우선 탑승권 자체를 상품화하여 판매하고 있다.
하지만, 최근에는 디즈니 계열의 파크들에서도 VIP, 호텔투숙객 특전 등으로 드러나지 않게 이러한 우선 탑승에 대한 혜택을 폭넓게 적용하고 있는 추세이긴 하다.

비, 바람 등 기후적 제약을 극복할 수 있도록 실내 혹은 반실내화
할 것을 권장한다.

———
동경 디즈니 시. 인디애나 존스 어트랙션의 대기공간

　　그렇다면 대기동선의 면적은 어떻게 계획할 수 있을까? 어트
랙션의 시간당 탑승인원 수용력이 1,000명이라고 가정하자. 이 숫
자는 중대형 어트랙션에 해당한다고 할 수 있다. 대기동선에는
500명 정도의 손님들이 체류할 수 있도록 30분 룰을 적용한다고
가정하자. 앞서 사람들이 모여있는 공간의 등급별 밀도를 A~E급
으로 구분한 것을 기억하는가? 개발 기획자는 어느 수준으로 쾌적
성을 제공할지 결정해야 한다. B급과 C급 사이의 0.7㎡를 적용해
보자. 순수하게 손님들이 줄만 서는 대기 공간의 총면적은 350㎡

약 100평 정도가 필요하다고 할 수 있을 것이다. 만약 동선 폭을 1m로 한다면 대기라인의 총 길이는 350m라는 의미이기도 하다. 사회심리 및 문화적 특성을 감안할 때 우리나라는 좀 더 촘촘하게 줄서기 하는 경향이 있다. 타인과의 사회적 거리가 비교적 가까운 편이다. 기준 면적 대비 더 많은 손님을 수용할 수 있다는 의미다.

물론 줄만 서게 되는 대기공간은 손님 입장에서는 고통의 장소이고 어트랙션 개발 담당자에게는 극복해야 할 과제이다. 대기공간에는 해당 어트랙션의 콘텐츠와 관련한 다양한 스토리텔링과 흥미로운 전시물, 체험요소를 풀어내어 이른바 프리쇼pre-show 개념하에서 조성할 수 있도록 해야 한다. 이를 통해 손님들이 지루해 하지 않고 어트랙션 탑승체험의 기대감을 한껏 높일 수 있도록 해야 한다.

대기공간을 아무리 잘 꾸며도 줄 서서 기다리는 것 자체는 결코 즐거울 수가 없다. 그래서 대기공간 자체의 무용론을 주장하기도 하고, 또 실제로 프로젝트 전체 사업비에서 프리쇼에 들이는 예산은 선순위로 삭감 대상이 되기도 한다.

하지만 우리가 읽는 소설도 기승전결이 잘 되어있는 경우 더욱 흥미롭다고 느끼며, 근사한 식사에는 전체요리appetizer—메인 요리main dish—후식disert으로 즐기고 있지 않은가! 하물며 막대한 비용을 들여 만드는 어트랙션을 사전 기대감 없이 바로 이용하게 하는 우를 범하지 않았으면 한다. 디즈니의 경우는 대기동선 프리쇼에 20~30%, 유니버설 스튜디오의 경우에는 15~20%의 예산을 할당하여 대기동선의 스토리텔링에 사용하고 있다는 점이 이를 시사하고 있다.

미국 Cedar Point 파크의 무미건조한 롤러코스터 대기행렬

올랜도 유니버설 스튜디오, 미니언즈 어트랙션의 대기동선 PreShow

요약하면, 대기동선은 어트랙션 이용 전에 자연스럽게 스토리를 접하게 하고 기대감을 고조시키며 몰입하게 하는 프리쇼 장소로 조성이 되어야 한다.

기나긴 대기동선을 지나고 나면, 어트랙션을 탑승하거나 체험할 공간에 이르게 된다. 테마파크의 꽃으로 집객의 원동력이 되며 가장 많은 자본이 투여되는 시설이 어트랙션이다. 따라서 어트랙션의 수용력을 극대화하기 위한 다양한 아이디어와 검토가 수반된다. 탑승장을 다중으로 조성하여 탑승물vehicle의 교차 출발을 가능하게 한다든지 미리 줄 세우기를 통해 탑승을 신속하게 하거나 승하차가 매끄럽지 못하게 하는 요소들[8]을 찾아 개선하는 등의 최적화 노력뿐만 아니라, 어트랙션 자체를 다중 트랙track이나 레일rail로 추가 개발하여 수용력을 늘이는 투자도 활용된다. 어트랙션 자체의 검토 기준과 고려 사항에 관하여는 뒤이어 상세히 설명하기로 한다.

어트랙션 탑승체험을 드디어 마쳤다. 하차장을 통하여 퇴장하게 되는데 이 구간에는 감흥을 좀 더 끌고 갈 수 있는 포스트쇼 post-show를 꾸며 놓기도 한다. 핵심이 되는 강력한 콘텐츠를 선별하여 임팩트 있게 꾸미는 것이 관건이다. 조형물이나 장면scene으로 꾸며진 포토 스팟photo spot, 주요 메시지key message를 담은 전시물 정도로 추억을 간직하게 하는 여행의 마무리ending를 한다면 충

8　예로써, 승하차장의 플랫폼 높이와 탑승물(vehicle)의 높이를 평평(flat)하게 한다든지, 소지품 보관함을 혼란 없이 비치 및 회수 가능하도록 제작 설치하는 등의 개선책을 들 수 있다.

디즈니 애니멀킹덤의 킬리만자로 사파리 트럭과 승차장
승하차를 신속히 하기 위해서 트럭 데크와 플랫폼 높이를 같게 하였다.

분하다고 하겠다.

　　대부분의 어트랙션 마지막은 **상품점**이 위치한다. 감응이 식기 전에 추억을 간직할 만한 해당 어트랙션의 테마와 캐릭터를 활용한 상품들이 퇴장하는 손님을 유혹하는 것이다. 스릴 라이드에서 'I survived!'난 살아남았대!는 흥분 상태를 느끼고 있거나 다크 라이드에서 멋진 영화의 한 장면을 경험한 손님들의 발걸음을 진열된displayed 상품들이 붙잡는다. 어트랙션 퇴장로의 상품점에서는 많은 부모들과 마음에 드는 물건을 얻지 못하면 떠나지 않으려는 자녀들 간 실랑이 하는 모습을 종종 볼 수 있다. 상품점의 위치나 기획 방향에 관한 것은 부가 매출시설 상품점 부분에서 다시 설명될 것이다.

② 어트랙션 관련 핵심 개념

테마파크에 방문한 고객들은 활동의 주 목적이 명확함을 다시 한 번 기억하자. 다른 데서는 없는 놀이기구ride와 공연show을 즐기기 위해서이다. 손님이 많은 날이든 적은 날이든 먼 길을 와서 비싼 티켓을 구입했는데 고작 몇 개만 이용하게 되거나 그나마 이용한 것도 형편없다면 다시는 방문하고 싶지 않을 것이다. 돈에 맞는 값 어치value for money를 해야 다시금 찾는 재방문이 이루어진다.

파크를 설계할 때 이러한 당연한 손님들의 기대 상황을 염두 한 개념이 있다. 엔터테인먼트 유닛EU, entertainment unit이라는 설계 기준이다. 여흥을 즐길 단위를 목표로 설정하는 것을 의미한다. 파크의 설계기준일에 손님들이 얼마의 라이드와 쇼를 관람하게 할 것인가 하는 목표 설정이다. 이를 통해 파크 내에 도입될 어트랙션의 수량quantity과 수준quality을 정하게 된다. 당연한 것이겠지만, 글로벌 체인 테마파크는 EU가 높게 설정[9]된다. 무척이나 붐비는 설계기준일design day에도 평균 체류시간 6~8시간을 기준으로 손님 모두가 최소 5~7개를 경험하게 하는 것이 상응하는 값어치 value for money를 한다고 믿고 이를 실현하기 위해 노력한다.

그렇다고 투자비 등의 현실적 제약조건 때문에 모두 대형 앵

----

[9] EU와 관련하여 식스 플래그(Six Flags)와 같은 놀이기구 중심의 파크를 amusement park(놀이공원)라고 하는데 테마 연출을 즐기는 것보다 놀이기구 탑승이 주목적이므로 시간당 1.5 이상을 목표로 한다.
반면 디즈니, 유니버설 스튜디오와 같은 글로벌 테마파크의 경우 조금 낮은 수준인 시간당 1~1.5 EU가 일반적이다.

커 어트랙션anchor attraction으로 도입할 수도 없는 노릇이다. 앞서 잠시 언급했지만 글로벌 테마파크의 앵커 어트랙션만 해도 천억 원이 훌쩍 넘는다. 여기에서 등장하는 개념이 어트랙션 믹스attraction mix이다. 어트랙션의 종류와 등급을 나누어 적절하게 배분하고 조합하는 것을 의미한다.

　우선, 라이드 어트랙션과 라이브 엔터테인먼트의 비중을 정한다. 라이드 어트랙션의 경우 고정 시설물로 일정한 수준의 수용력capacity을 확보하는 역할을 한다. 공연장의 쇼와 거리의 퍼레이드로 구성된 라이브 엔터테인먼트는 목표한 EU를 채우기 위한 라이드 어트랙션의 보완적 기능을 하게 된다.

　문제는 라이브 엔터테인먼트의 콘텐츠가 라이드 어트랙션을 대체 혹은 보완할 만큼 강력한지가 관건이다. 글로벌 테마파크의 경우 라이드 어트랙션과 라이브 엔터테인먼트의 EU 비중을 대체로 7:3 정도로 가져간다. 하지만 로컬 테마파크의 경우 마땅한 라이브 엔터테인먼트 콘텐츠가 없는 경우가 많아 라이드 어트랙션 위주로만 어트랙션 믹스를 이루고 있거나 그 비중도 10% 미만인 경우가 허다하다.

　라이브 엔터테인먼트는 공연 회당 수천명이라는 아주 높은 수용력capacity을 가져갈 수 있어 적절히 활용될 수 있다면 피크 타임에 고객을 분산시키고 손님의 경험 가치를 높일 수 있는 여전히 훌륭한 대안이다.

다음으로 라이드 어트랙션도 등급을 나눈다면 어떤 기준으로 하는지 살펴보고자 한다. 요즘은 대부분의 테마파크에서 한 번의 지불방식pay one price, POP을 쓰고 있어 익숙하지만, 파크 산업 초기에는 파크에 입장할 때 무료 혹은 소정의 입장료만 내고 입장한 후 개별 어트랙션을 이용할 때마다 비용을 내야 하는 방식10pay as you go으로 운영되었다.

이 시절에는 각 어트랙션마다 매출액으로 평가가 명확하게 드러났다. 제일 싼 A급부터 제일 비싼 E급까지 라이드 어트랙션의 등급이 고객의 자발적 선택으로 자연스럽게 분류될 수 있었다. 훗날 POPpay one price 방식을 도입하고 나서도 어트랙션의 등급을 분류하는 데 관습처럼 여전히 사용되고 있다. 가장 인기 있는 어트랙션을 E-ticket attraction이라고 부르게 된 연유이다.

라이드 어트랙션의 등급은 실제 손님들의 이용률에 따라 사후적으로 검증될 수 있겠지만, 조성 단계에서 사전 평가하는 기준들은 다음과 같다.

1) 테마와 콘텐츠의 흥미도, 재미
2) 해당 어트랙션의 개발 비용
3) 수용력capacity: 시간당 THRC 수준
4) 체험의 고유성uniqueness, 차별성

----
10 우리나라에서도 월미도 유원지가 pay as you go 방식을 사용하고 있다. 디스코 팡팡 (spinning ride), 바이킹(swing ride) 등 운영하는 사업자가 다 각각이기 때문이다.

라이드 어트랙션 등급표

등급	콘텐츠, 재미	체험 고유성	개발비	수용력
A	Low	Low	50억 이하	600명 미만
B	Low	Medium	약 100억	600~1,000
C	Medium	Medium	약 200억	1,000~1,200
D	Medium	High	약 300억	1,200~1,600
E	High	High	500억 이상	1,600명 이상

이 표는 각 등급의 기대수준을 나타내는 것으로 현실에서 딱 맞아떨어지지 않을 수도 있을 것이다. 만약 어느 개발 예정인 어트랙션이 콘텐츠는 중간 수준, 체험 고유성은 상위 수준, 개발비는 500억, 수용력은 1,000명이라면 가점과 감점을 고려할 때 D등급 정도의 어트랙션이라고 할 수 있을 것이다.

고가의 입장료와 높은 기대수준 때문에 글로벌 테마파크의 경우는 더 상향 조정된 기준값들이 적용되어야 할 것이다. 어트랙션 등급을 평가하는 기준들은 지역마다 달라지기 때문에 다분히 상대적일 수밖에 없다. 우리나라의 대표적인 테마파크들이 올랜도 지역에 있다면 이보다 훨씬 낮게 평가를 받게 될 것이다. 호랑이가 없는 골짜기에서는 토끼가 왕노릇 하는 법이다.

마지막으로 궁금한 것은 등급별 라이드 어트랙션의 구성 비율일 것이다. 글로벌 테마파크의 경우는 각 하부 테마존마다 E급 앵커 어트랙션을 기본으로 하되 여의치 않을 경우에는 D급도 둔다. 통상 파크가 조성되는 해당지역을 기준으로 E급은 20%, D급

은 30~40% 수준에서 구성되는 것을 권장한다. 파크에 20개 어트
랙션을 도입할 예정이라면 최소한 4개 정도는 E급의 임팩트 있는
어트랙션으로 구성하고, D급은 6~8개 정도로 하면 될 것이다. 나
머지 기종 수준은 예산을 고려하여 방문객 구성에 맞춰 도입하도
록 한다.

③ 어트랙션 운영 점검을 위한 측정 지표evaluation index

엔지니어링 영역으로 일반적인 경영관리가 어려운 부분이기도 하
다. 하지만, 테마파크 조성에 있어 가장 많은 자본이 투입되고 실
제로 손님들의 만족도에 가장 큰 영향을 주는 어트랙션에 대한
효율적 관리와 기능 유지는 필수적이다. 개별 어트랙션은 어떻게
평가할 수 있을까?

    (고객) 1) 만족도 2) 이용률   (기술) 3) 수용력

    세 가지 관점에서 지속적으로 주기적 평가를 실행해서 점검
하도록 한다. 독자들께서는 상호 간 높고 낮음으로 가정해 보고,
그러할 경우 어떤 조치를 하면 해결책이 될 수 있을지 연습해 보
기를 권장한다. 본서의 목적은 기획력과 논리력을 키우기 위함에
있기 때문이다. 경우의 수는 2×2×2로 8가지일 것이다.

    1)번 만족도의 경우는 방문이용고객 조사를 통해 정보가 수집
된다. 2)번 이용률의 경우 개별 어트랙션에 설치된 턴스타일turnstile
이나 센서 게이트sensor gate 혹은 계수기를 통해 운영자가 수기로
집계한다. 두 가지를 묶으면 '해당 어트랙션의 파크 내 기여도'로
평가될 수 있을 것이다.

3)번의 경우는 효율적 관리를 위해 운영자의 입장에서 평가
될 내용이다. 이 평가를 위해서는 원설계에 기준한 최대수용력
THRC, 실제 운영하면서 확인된 수용력 실측값OHRC과 같은 개념들
과 이를 세분화하여 측정하기 위한 싸이클 타임cycle time을 이해해
야 하는데 별도로 상세히 다루기로 한다.

앞서 내어 드린 과제에 대한 필자의 의견을 나누고자 한다.

Case 1: 높은 만족도 + 높은 이용률 + 높은 수용력

이 경우는 최상의 상태로 더할 나위 없는 어트랙션이다. 다만 계
속된 운영 과부하로 기술적 수용력이 떨어지지 않도록 점검관리
를 지속적으로 하도록 한다. 아프지 않게 건강 관리를 해 주어야
한다.

Case 2: 높은 만족도 + 높은 이용률 + 낮은 수용력

이 경우는 기술적이고 운영적인 개선방안을 시급히 강구하여 보
완 조치하도록 한다. 손님들은 많이 찾고 좋아하는데 어트랙션 자
체에 문제가 있기 때문이다. 고장이 잦거나 뭔가 매끄럽지 않은
운행 프로세스가 있는지 살펴보자. 건강만 회복하면 효자 노릇할
기종이다.

Case 3: 높은 만족도 + 낮은 이용률 + 높은 수용력

이 경우는 일단 타면 재미있고 운영상 관리도 잘되고 있는데 손
님들이 잘 모르는 경우이다. 건강하고 용모 단정하나 잘 알려지지
않은 숨겨진 보배 같은 기종이라 할 수 있다. 마케팅이나 홍보 등

으로 손님들의 인지적이고 물리적인 접근성을 높이기 위한 노력
을 해야 한다.

Case 4: 높은 만족도 + 낮은 이용률 + 낮은 수용력

일단 이용한 손님들은 좋아하지만 어트랙션 존재를 잘 모르고 있
으며 정상적 운영에도 문제가 있는 상태이다. 홍보 활동과 함께
정상운행이 가능하도록 기계 정비와 운영 프로세스 개선을 동시
에 실행하여야 한다.

Case 5: 낮은 만족도 + 높은 이용률 + 높은 수용력

손님들이 별다른 매력을 느끼지 못하나 어떤 상황에 기인하여 많
이 이용 중이고 어트랙션 수용력도 높게 유지하고 있는 상황이다.
어트랙션 자체의 매력을 높일 방안을 모색해야 하는 상황이다.

Case 6: 낮은 만족도 + 높은 이용률 + 낮은 수용력

손님들에게 이용 만족도가 낮고 운영 관리도 미흡해서 많이 탑승
할 수는 없는데 어떤 이유에서 지속적으로 이용되고 있는 시설이
다. 이용 만족도를 개선하는 일에 우선 주력하고, 개선 여부를 보
아가면서 수용력 개선책을 검토하도록 한다.

Case 7: 낮은 만족도 + 낮은 이용률 + 높은 수용력

손님들에게 만족감을 주지 못하고 이용률도 낮지만, 어트랙션의
물리적 운영적 상태만 양호한 경우이다. 매력은 없지만 건강한 상
태로 중장기적으로 판단해서 철거 후 대체 어트랙션 도입을 추진
하는 것이 필요하다.

Case 8: 낮은 만족도 + 낮은 이용률 + 낮은 수용력

여러 수치가 모두 양호하지 못하다. 리뉴얼 혹은 대체 1순위 시설
이다.

ISSUE
02 라이드 어트랙션의 운영 효율성 평가

파크의 설계 및 운영 기준은 동일한 시간 단위를 적용해야 혼란이
없다. 초 분 시 일 월 분기 년 중에서 어트랙션의 수용력은 시(hour)를
단위로 하는 것이 일반적이다.

먼저 **이론적 시간당 라이드 수용력**(THRC, Theoretical Hourly Ride Capacity)
이라는 개념부터 알아보자. 이는 제조사에서 제공하는 시간당 라이드
수용력으로 어트랙션을 현장 설치한 후 시뮬레이션을 통해 운행 프로
그램까지 완료한 후 정해진 값이다.

세팅된 조건이 모두 충족되어야 달성될 수 있는 값으로 승차 — 어
트랙션 운행 — 하차의 반복적 운영에서 한치의 오차도 없는 경우를
가정한다. 탑승물(vehicle)의 좌석도 모두 다 채워져 있는 것을 전제한다.

이 값을 통해 이론적으로는 주어진 시간에 얼마나 많은 인원을 처리
할 수 있는지 최대치를 알 수 있으며, 특정 어트랙션을 평가하는 데에
기준이 되는 지표라 할 수 있다. THRC 측정을 위한 싸이클 타임[11]은

----

11 어트랙션 평가 지표로서, 싸이클 타임(cycle time)이란 승물 유닛이나 차량이 승차 →
운행 → 하차하여 다시 승차 위치까지 오는 주기(Cycle)를 완전히 반복하는 데에 소
요된 시간을 의미. 싸이클 타임은 운행시간에 승/하차 시간이 포함된 개념으로, 어
트랙션 운영의 효율성과 일관성을 유지하기 위한 운영상황 평가에 이용됨(초 단위
측정값)
싸이클 타임(cycle time) = 승차 소요시간(loading time) + 운행 시간(running time) +
하차 소요시간(unloading time)

운행시간에 승/하차 시간, 안전점검 시간(안전 belt, bar) 등을 모두 포함하여 정해진다.

THRC = 승물 대수 × 승물당 좌석수 × (3,600 ÷ 싸이클 타임)초, second

다음으로 이해해야 할 개념은 운영상의 시간당 라이드 수용력(OHRC, Operational Hourly Ride Capacity)으로 실제 운영을 통해 최종 세팅되는 라이드 수용력이다.

다시 말하면, OHRC는 라이드나 어트랙션의 실제 운영 상황을 반영하여 측정된 Capa(수용력)를 의미한다. 이는 실제로 해당 어트랙션이 1시간에 수용하는 탑승객 인원수를 뜻하며 최적의 입장객 조건(성수기, 설계기준일)하에서 측정되어야 한다.

어트랙션의 효율적 관리 측면에서 중요한 개념으로 이론적 수용능력(THRC)과의 대한 편차(gap) 비율을 따져 기대했던 목표를 달성하고 있는지 평가하게 된다. THRC는 완벽히 조건이 충족된 이상적인 최대값이고, OHRC는 운영상의 비효율을 포함한 측정치이므로 THRC 대비 언제나 낮은 수준으로 나타난다. 통상 OHRC가 THRC의 70% 수준을 보이면 보통 수준, 그 이상이면 준수하다고 한다.

구체적으로 THRC와 OHRC의 차이는 왜 발생하는 것일까?

승차 소요시간은 탑승물이 도착한 후 게이트나 도어가 열리고 손님이 이동하여 안전 가이드에 따라 소지품을 보관하고 좌석에 착석하여 안전 바(bar)나 안전 벨트(belt)를 착용한 후 캐스트들이 결속 확인을 한 다음 운행 라인으로 이동하는 데 걸리는 시간을 말한다.
운행 시간은 손님이 승물(vehicle)을 타고 라이드 어트랙션이나 쇼를 경험하는 시간을 의미하며 움직이기 시작해서 멈추기까지의 시간이다.
하차 소요시간은 탑승물이 도착하여 안전장치가 풀리고 승물에서 하차하여 소지품을 챙기고 완전히 퇴장한 후 대기 손님들이 탑승하는 곳까지 승물이 이동하는 데 걸리는 시간을 의미한다.

앞서 이론적 라이드 수용력은 모든 세팅된 조건들이 충족됨을 전제로 얻어진 값이라고 하였다. 하지만 실제 운영 중에는 결측치들이 발생한다. 그리고 그것이 반복적으로 고착화되어 그 이상적인 값인 THRC에 결코 도달할 수 없는 상황이 된다.

그 원인으로는 어트랙션 자체의 기계적이고 물리적인 상태에서 기인할 수 있고, 승물(vehicle)의 좌석은 일부라도 비어 있게 마련이며, 승하차의 소요시간에 편차가 발생할 수 있다. 운영하는 캐스트들의 숙련도도 영향을 미친다.

이를 개선하기 위해 현장에서는 어트랙션 수용력의 개선을 위한 여러 노력들을 하게 된다. 엔지니어들은 기계적 상태를 최적으로 유지하기 위해 주기적 점검과 정비를 한다. 손님들도 입구에서 신장이나 몸무게 등 탑승에 적합한지 사전에 확인을 받고, 소지품도 사전에 사인물과 캐스트에 의해 안내를 받는다(소지품 낙하에 의한 긴급 운행정지도 종종 발생한다). 소지품 보관과 회수에도 최소한의 시간으로 가능하도록 동선을 설계하고 보관함을 설치한다. 안전하면서도 최단시간에 안전장구류와 장치가 결속(lock) 및 해제(unlock)되도록 설계되며, 운영 담당 캐스트들도 사전 훈련을 통해 숙련도를 높이는 과정을 거친다.

승차장에 미리 줄서기를 통해 신속한 탑승이 가능하도록 하거나, 플랫폼과 탑승물(vehicle)의 단차를 최소화하고 걸림이 없도록 동선을 점검한다. 탑승물의 빈자리를 줄이기 위해 혼자타기(single rider) 손님들을 위한 별도의 대기라인을 운영하는 것도 이런 이유에서 비롯된다.

(난이도 ★)
실제 사례 연습 1

A어트랙션은 롤러코스터로 2대의 탑승물(vehicle)로 운행되고 있다. 탑승장에서 출발하여 하차장까지 도착하는 탑승시간에 3분이 소요되고, 손님이 하차하는 데 30초, 탑승대기 손님이 승물에 타고 출발까지 걸리는 시간은 1분이다. 탑승물의 총 좌석수는 40명이라고 할 때 A어트랙션의 시간당 수용력은 얼마인가?

(난이도 ★★★)
실제 사례 연습 2

B어트랙션은 후룸라이드이다. 개발기획업무를 맡은 당신은 프로젝트 매니저로 탑승물을 몇 대를 넣어야 할지 고민하고 있다.

어트랙션 설치가 끝난 후 시범 운행을 해 본 결과, 하차장에서 승차장으로 통나무 모양의 승물(flume)이 이동하고 캐스트가 물방울 제거 등 청소한 후에 손님이 탑승하고 출발하는 데까지 40초가 소요된다. 이후 통나무가 출발하여 다시 하차장까지 돌아오는 데 걸리는 시간은 10분이다.

중간에 안전을 위한 인위적 이격은 없다고 가정한다. 최대 몇 대의 통나무를 운행할 수 있는가? 통나무당 8명이 탑승인원이라면 B어트랙션의 시간당 수용력은 얼마인가?

당신은 어트랙션 수용력이 적어 고민 끝에 운영 프로세스를 개선하여 승하차장의 소요시간을 기존 40초에서 10초를 줄여 30초로 단축시켰다. 이 경우 어트랙션 수용력에는 얼마만큼의 변화가 있을까?

〈정답〉

✎ 연습 1

어트랙션의 시간당 수용력은 운행 대수 × 승물당 좌석수 × 싸이클 타임으로 구하여진다. 운행대수는 2대, 승물당 좌석수는 40명, 싸이클 타임은 (운행시간＋승하차 소요시간) 270초이며 이는 1시간에 13.3회에 해당한다. A어트랙션의 시간당 수용력은 약 1,066명이다.

✎ 연습 2

B어트랙션의 운행 시간은 600초(10분)으로 40초 간격으로 배열하면 총 16대(한쪽 끝을 포함해야 한다)의 통나무 승물이 배치될 수 있다. 그리고 싸이클 타임은 640초로 승물 하나당 시간당 5.6회를 운행가능하다. 따라서 B어트랙션의 시간당 수용력은 16대 × 8명 × (3600 ÷ 싸이클 타임 640초)로 720명이다.

승하차 소요시간 단축의 운영개선을 통한 시간당 수용력 변화치는 동일한 좌석수에 투입 가능한 승물대수는 21대로 증가하고 싸이클 타임은 630초로 줄어 시간당 회전수가 5.7회가 되므로 시간당 수용력은 960명으로 늘게 된다.

---

④ 최근의 어트랙션 개발 트렌드

IT 기술의 급속한 발전과 더불어 최근에는 테마파크 업계에서도 새로운 기술의 도입을 시도하고 있다. 과거에는 편광필름으로 입체영상물만 보아도 신세계를 경험하는 것 같았지만 이제는 보편화된 기술이 되었다.

홀로그램hologram, 증강현실AR, augmented reality, 가상현실VR, Virtual Reality, 여기에 움직임motion base, 냄새, 바람, 입체음향 등 여러 특수 효과를 가미하여 더욱 실감나는 체험을 가능하게 하는 신기술들이 활용되고 있다.

그러나 이러한 기술들은 Reality를 결코 대체할 수 없다는 한계를 인식해야 한다. 야생동물을 가상현실로 만나는 VR 동물원도 등장하는 등 우리 가까이에 IT 기술들이 다가와 있지만, 실제에 가까울 뿐 그 이상의 체험에는 한계가 있다. 이러한 기술이 언젠가는 더욱 정교해지고 일상화 단계에 접어들겠지만, 살아있는 동물을 실제로 보는 산교육을 완전히 대체할 수는 없다.

죽음으로 이별한 가족과의 재회, 위험한 심해 용접 작업, 훈련 초보 파일럿의 모의 비행 훈련, 특수부대의 폭탄 제거 모의 연습 등 AR, VR 기술들이 필요한 영역은 무궁무진하다는 점은 인정한다.

테마파크에서는 일찍이 유니버설 스튜디오 파크에서 스파이더맨 어트랙션을 통해 3D 입체영상과 모션 베이스, 그리고 특수효과로 실감 나는 영화 속 장면을 체험하게 하여 손님들에게 큰 인기를 얻었다.

유니버설 스튜디오 파크
좌: 스파이더맨, 우: 해리포터

　　최근에는 유니버설 스튜디오 파크에서 해리포터를 콘텐츠로
한 라이드를 새롭게 선보여 테마파크 업계에 큰 파장을 가져 왔다.
연간 입장객이 1천만 명을 넘지 못했던 오사카 유니버설 스튜디오
재팬은 이 단일 어트랙션 덕에 단숨에 천만 테마파크의 신기록을
세웠고 어떤 달에는 넘사벽일 것 같았던 동경 디즈니랜드의 월 입
장객을 앞지르는 기염을 토하기도 하였다.

　　이에 자극 받은 디즈니랜드도 올랜도의 애니멀 킹덤에 아바
타 어트랙션을 그리고 헐리웃 스튜디오 파크에 스타워즈 어트랙
션을 오픈하는 등 대규모 투자를 감행하였다. 글로벌 테마파크 업
계에 IT 신기술을 적용한 대형 어트랙션 도입이 본격적인 경쟁단
계로 들어섰다고 할 수 있겠다.

디즈니 파크
좌: 아바타, 우: 스타워즈

　　하지만, 아직까지는 순수한 의미의 VR이나 AR기술 적용에
완전히 의존하고 있지는 않다. 아마도 이미 보유하고 있는 높은
퀄러티의 영화 콘텐츠 구현에 집중하면서도 고글goggle을 착용하
는 형태는 여러 가지로 운영 효율상 좋지 않다고 판단했기 때문

으로 추측된다. 대신 로컬 테마파크에서 수직 강하를 하는 드롭형 어트랙션이나 롤러코스터를 VR로 체험하는 어트랙션들이 등장하고 있다. 그러나 실제 롤러코스터는 반복해서 탈 의향도 보이고 있지만 VR 롤러코스터는 재이용 의향률이 낮다는 한계가 있다.

좌: 에버랜드 Robot VR, 우: VR 게임

    VR의 도입에 기술상 현실적 제약이 있다는 것도 염두해야 한다. VR을 충분히 구현하기 위해서는 세 가지 조건이 충족되어야 한다. ① 고품질 대용량의 영상물을 끊김 없이 매끄럽게 처리할 수 있는 하드웨어적 성능, ② 이용자의 디바이스와 연결하여 송수신하는 네트워킹 기술, ③ 다양한 콘텐츠4K, 8K의 확보 세 가지이다. ①번의 경우는 이미 앞서가고 있으나, ②번의 경우 VR 체험 고객은 제한된 공간 속에서 유선 케이블로 연결되어 움직일 수밖에 없고 이는 체험의 강도를 낮게 만드는 원인이기도 하다. 체험 공간의 자유도를 높이기 위해서는 무선 송수신이 가능한 네트워킹 기술이 필수적이지만, 보편화되기에는 다소 기다려야 할 것 같다. 그리고 체험을 다양하게 해줄 지속적인 영상물 제작 비용도 만만치가 않다. 영상물은 수명 주기가 짧기 때문에 자주 교체해 주어야 하며 구동 포맷도 세팅하는 등 사후 관리가 요구된다.

우리나라는 파크 개발한다는 곳마다 VR 어트랙션 도입을 검토하고 있다는 기사를 적잖이 보게 된다. VR 어트랙션의 이러한 한계와 장단점을 염두에 두고 개발계획을 수립하기를 당부한다.

⑤ 부가 매출 1, 식음 시설food and beverage, F&B

테마파크에서 통상 반나절을 머물게 되면 도착해서 혹은 중간 즈음에 식사를 반드시 하게 된다. 이하에서는 테마파크를 설계하면서 식음 시설을 얼마만큼 그리고 어떤 기준으로 계획하여야 하는지 설명하고자 한다.

식음 시설의 규모는 어느 적정 시점을 기준으로 할 때 얼마만큼의 식사량을 제공할 것인가에서부터 검토가 시작된다. 앞서 언급한 설계기준일의 개념을 떠올려 보자. 그 설계기준일에서 통상 가장 많은 식사를 하게 될 시간은 오후 12~2시일 것이다. 이 시간대 동안 파크 내 식음 시설은 손님들의 식사를 문제없이 제공할 수 있도록 풀가동되고 있을 것이다.

9~10시에 약 15%, 10~11시에 약 17%, 11~12시 15%, 12~13시 13%, 13~14시 10% 정도의 방문객이 입장하는 패턴을 보이고 있다고 가정하자. 만약 설계기준일이 3만 명이라면 약 70%인 2만 1천 명이 2시간에 걸쳐 식사할 수 있도록 준비되어야 한다.

다음으로 고려해야 할 것은 식음 시설의 식사제공 능력을 결정할 세 가지 요소elements이다.

우선은, 포스POS, point of sale의 주문 처리 능력이다.

다음은, 주방kitchen의 생산력이다.

마지막은, 홀hall의 테이블 회전turn over율이다.

유의할 점은 이 셋 중에서 가장 낮은 값이 그 파크의 식음시설 수용력이 된다는 점이다. 포스에서는 1만 5천 식meal을 주문받을 수 있고 주방에서는 1만 식사를 준비 가능하고 홀은 협소하여 8천 식을 처리하고 있다면 셋 중에서 홀의 회전율이 식사제공 능력의 기준이 된다.

먼저, 포스의 처리 능력을 높이기 위해서는 담당 캐스트의 숙련도를 개선하고 빠른 주문 결정을 돕기 위한 정보의 사전 제공 흔히 식당에서 Best Menu를 추천하는 이유이기도 하다 등 여러 방법들을 생각해 볼 수 있겠다.

다음으로, 주방의 식사 생산능력을 높이기 위해서 무엇보다 식사 준비 단계를 줄이기 위한 전처리된 식재료를 사용한 메뉴를 짜는 것이 많이 쓰이고 있다. 이런 연유로 테마파크의 음식들은 동네의 맛집보다 대체로 음식 맛이 떨어지는 편이다. 아무래도 대량 조리가 가능한 냉동재료 등의 사용 빈도가 높기 때문이다.

마지막으로, 홀 테이블의 회전율을 높이기 위한 많은 노력들을 하고 있다. 테이블의 사이즈와 좌석수를 고객 구성비에 맞게 다양하게 배치하여 빈자리를 최소화 하는 방법, 음식을 받고 옮기고 식사하고 반납하는 일련의 과정을 점검하여 효율적으로 개선하는 등의 활동들이 요구된다.

　　한 번에 수천, 수만 명의 식사를 공급해야 하는 테마파크의 상황 때문에 다양한 형태의 식당을 운용하게 된다.

　　면대면 손님 응대 서비스가 가능한 레스토랑Table service Restaurant이 테마파크의 운영 철학에 가장 부합하지만 현실적으로 모든 곳에 적용할 수는 없다. 이에 효율성이 우수한 카페테리아, 뷔페 등의 서비스 방식과 패스트 푸드, 핑거 푸드 등 대체 음식이 제공되고 있다.

　　테마파크의 식음 시설은 위치한 존의 테마에 적합하게 조성된다. 단순히 식사만 하는 것이 아니라 분위기를 즐기고 설정된 테마에 계속 몰입할 수 있도록 하고 있다. 대부분의 파크들은 입장 수입 외에 식음 부문이 부가 매출에서 가장 높은 비중을 차지하고 있다.

월트 디즈니 월드, 애니멀 킹덤의 레인 포레스트 카페 외부

월트 디즈니 월드, 애니멀 킹덤의 레인 포레스트 카페 내부

⑥ 부가 매출 2, 상품점merchandise shop, MD

테마파크에서 통상 부가 매출 2위는 상품 부문이다. 상품점의 건물 형태와 인테리어는 그 존의 테마를 따르거나 어트랙션의 콘텐츠를 입힌 형태로 조성된다.

　상품점의 위치에 따라 세 가지로 분류된다. ① 주 동선에 위치한 상품점, ② 보조 동선에 위치한 상품점, ③ 퇴장 동선exit에 위치한 상품점이다.

　매출액의 순위는 입구 지역의 주 동선 상품점 > 어트랙션의 Exit shop > 파크 내 주 동선의 상품점 > 파크 내 보조 동선의 상품점 순서이다. 물론 상품점의 아이템이 색다른 매력을 가지고 있거나 상품 구성에 별함이 있을 경우 매출 순위에 예외도 생겨난다.

　　입구 지역 스트릿 몰에는 손님들이 입장 및 퇴장하면서 구매로 이어질 수 있도록 의도적으로 상품점들이 집중 배치되어 있는 곳임을 누구나 알고 있다. 테마파크 개발자들이 특히 주목하는 곳은 어트랙션 출구에 위치한 상품점이다. 어트랙션을 즐기고 난 후 감응이 남아 있는 시점에 구매 욕구를 자극하여 매출로 연결할 수 있느냐 없느냐는 파크 운영 입장에서 매우 중요한 기회요인이기 때문이다.

　　그래서 각 존별로 식음시설은 한두 개 독립적으로 조성되는 반면, 중대형 어트랙션의 퇴장 동선에는 상품점이 함께 개발되고 있다.

　　상품점의 실적 평가와 관련하여는 두가지 요소 ① 침투율 penetration rate, ② 구매율purchasing rate이 있다.

　　침투율은 인근을 지나는 손님들 중 얼마의 손님들이 매장 안으로 진입하는가에 관한 것으로 상품점의 위치와 외관 및 상품 아이템의 매력도와 관련되어 있다. 만약 침투율이 현저하게 낮다면 그 원인을 찾고 접근성을 개선하거나 상품점 파사드와 디스플레이의 매력도를 높이도록 하고 판매하는 상품구성의 내용에 변화를 주어야 할 것이다.

　　만약 침투율 대비 구매율이 현저하게 낮다면 상품 자체의 매력도가 낮은 경우로 신규 아이템을 개발하거나 매력 상품을 디스플레이 하도록 고민해야 한다.

디즈니랜드, 곰돌이 푸의 꿀사냥 '상품점'

⑦ 부가 매출 3, 스폰서십sponsorship

수백만 심지어 천만 명 이상이 다녀가는 테마파크는 광고주들에
게는 매력적인 대상임에 틀림없다. 높은 광고효과를 기대하면서
많은 기업들이 스폰서십을 제안하기도 한다. 특히 글로벌 테마파
크의 경우는 업계의 위상과 브랜드 파워만큼이나 스폰서십 제안
이 많이 이루어지는 곳이다. 파크 소유사 입장에서는 더 없이 구
미가 당길 것이다.

　그러나, 테마파크에서 스폰서십은 마냥 좋은 것일까? 테마파
크 개발 기획가라면 신중을 기해 다시금 생각해 봐야 할 것이다.
테마파크의 철학과 상충된다면 어떤 점에서 그럴까?

디즈니와 코카콜라 콜라보(collaboration): 스폰서십 제휴 광고판

　테마파크는 환경 연출에 있어 완벽을 기하고자 최선을 다하는 곳이다. 하지만 스폰서 회사는 어떤 식으로든 알리고자 하는 제품이나 브랜드를 최대한 노출하려고 할 것이다. 여기서 상충되는 이해 관계가 발생한다.

　자칫 잘못하면 테마가 부여하고자 하는 비일상성에 몰입해야 할 손님guest이 살고 있는 동네와 일상의 삶 속에서 이미 친숙한 로고를 보게 되는 상황을 생각해 보자. 테마파크 본연의 의도가 희석되는 부정적 측면이 분명히 있다.

　이를 최소화하기 위해 스폰서십 제안 혹은 유치를 대비하여 디즈니와 유니버설은 스폰서십 디자인 가이드 라인을 준비하고 그 틀 안에서 스폰서 회사와 협의를 진행한다.

　아무리 형편이 어려워도 테마파크의 영혼을 팔면서까지 스폰서십 유치를 하는 것은 옳지 않으며 상호 입장을 조율하고 존중

하면서 원원win win하는 수준에서 디자인을 채택하고 파크 현장에 적용해야 할 것이다.

⑧ 테마파크와 사람들게스트, 캐스트

1) 테마파크 방문객게스트 guest의 의무　　　테마파크에서는, 방문 객들을 초대받은 손님이라는 의미에서 게스트guest로 부른다. 그리 고 방문 이용객들에게 손님으로서 최소한의 예를 갖추고 파크 운 영의 지침을 따르도록 규정하고 있다.

　디즈니랜드의 경우 방문 고객들에게 과도하지 않은 범위 내 에서 파크 운영 원칙을 따르도록 이용약관에 명시하고 있다.

✓ 참조 사이트: https://disneyland.disney.go.com/park-rules/

　디즈니 테마파크에 부적합한 복장을 입거나 소지품을 가지고 입장하려고 할 경우 해당 방문객의 입장을 거절할 수 있다는 내 용을 상세히 기재하고 있다. 예를 들면, 신발과 상의, 하의를 모 두 착용해야 하며 지면에 끌리는 복장은 금지되며 문신을 과도하 게 한 경우나 건전하지 않은 글귀정치 및 종교적 문구와 디자인해골, 폭력 등된 옷을 착용한 경우에는 입장 단계에서 담당 매니저의 심사를 거쳐 조치를 받고 입장하거나 수용하지 않을 경우 입장 거부될 수도 있다.

　특정 기간 외에는 할로윈 복장도 금하고 있다. 할로윈 기간 에만 한시적으로 이러한 코스튬을 허용한다. 그리고 특별히 지정 된 날에만 해당 캐릭터의 복장이 허용되는데 사전에 가이드라인이 고지된다.

평상시에는 고객들 간 혼동을 주지 않기 위해 캐릭터 복장도 14세 미만에게만 허용된다. 마스크도 14세 이상은 의료적 목적만 허용이 되며, 14세 미만이 착용하더라도 얼굴 전면에 덮이지 않을 것을 규정하고 있다. COVID 19와 같은 팬데믹pan-demic 상황은 예외적이다.

필자가 실제 경험한 것을 나누고자 한다. 동경 디즈니랜드에서 힘든 일정 중에 잠시 햇살을 만끽하며 벤치에서 기대어 졸고 있었던 적이 있었다. 5분 정도 졸았을까? 파크 근무자가 찾아와서는 일본어로 뭐라고 하였다. 못 알아듣는 것 같으니 잠시 후 매니저와 함께 다시 와서 영어로 대화를 하였다. 어디 아픈 데가 있냐고 점잖게 묻기에 괜찮다고 답을 했는데 속으로는 불편해 보이는 손님까지 챙기는 디즈니의 친절이 이 정도인가 잠시 생각했다.

하지만 나만의 착각이었다. 파크 내에서 자거나 하는 모습은 파크의 활기찬 분위기에 걸맞지 않으므로 고객이 기분 나빠하지 않도록 조심스럽게 깨우게 하는 내부 운영방침이 있다는 것을 나중에야 디즈니 소속 직원을 통해 알게 되었다. 이러한 운영 매뉴얼은 이용약관에는 명시되어 있지 않다. 필자에게는 색다른 경험이었다.

2) 테마파크 근무자캐스트 cast의 자율성

테마파크라는 곳은 방문객게스트들에게 행복과 기쁨을 선사하는 보람된 일터이다. 하지만, 근무 인원이 상당하고 인건비 부담이 크기 때문에 급여는 그다지 높지 않은 곳이기도 하다.

대신 글로벌 테마파크에서는 근무자들의 자긍심을 높이기 위해 다양한 복지 혜택과 함께, 파크 안에서 모든 캐스트에게 자율적 권한을 부여하고 있다. 일정 조건이 채워지면 가족과 지인을 초대할 수 있다. 파크 내 근무 중에는 운영 매뉴얼에 따라 자율적 판단에 의해 재량으로 손님을 응대하고 감동을 선사하는 역할을 한다.

필자가 실제로 목격한 사례들을 나누고자 한다. 우리나라에서는 왜 그렇게 하지 못하는 것일까 싶은 것들이다. 동경 디즈니랜드에서는 퍼레이드가 시작되기 전 소위 목 좋은 곳을 차지하기 위해 사람들이 일찌감치 모이기 시작한다. 어느 꼬마가 목숨보다 소중한 아이스크림을 혼잡한 중에 지나가던 손님과 부딪히면서 땅에 떨어뜨렸다. 아이에게는 세상을 다 잃은 것과 같은 심정이었을 것이다.

인근 그린 서비스, 즉 거리 청소를 담당하던 캐스트가 이를 목격하였다. 그는 인근 키오스크[12]에서 아이스크림을 새로 가져다주었는데 그냥 주는 것이 아니라 '스티치Stitch가 장난을 치다가 실수로 네 아이스크림을 떨어뜨려서 미안하다고 전해 달래. 바빠서 직접 못 전해줘 미안한데 마음에 들었으면 좋겠다고 했어'라는 연기를 통해 아이스크림을 친 손님도 배려하면서도 세상 슬픈 어린이에게도 희망과 행복을 전해주는 그런 모습에서 테마파크는

----

12 키오스크(Kiosk)는 개념상 카트(Cart)와 혼동되고 있으나 엄격하게 따져 본다면 둘 다 공통적으로 옥외형 소형 가판대(booth)나 키오스크는 고정식으로 수도, 전기까지 연결되기도 하나 카트는 이동형으로 넣고 빼고가 자유롭다고 할 수 있다. 키오스크는 식음 판매대, 카트는 상품 판매대로 많이 쓰이는 이유이기도 하다.

이런 곳이어야 하는구나 하는 영감을 받았다. 그 아이는 얼마나 행복했을 것인가!

다음해 올랜도의 디즈니 애니멀 킹덤에 있을 때였다. 갑작스럽게 폭우가 쏟아져 파크의 손님들이 여기저기 비 피할 곳을 찾아 흩어지고 있었다. 필자도 인근에 위치한 작은 상품 카트의 좁은 처마 아래에서 몸을 가누고 있었다. 카트 상품 판매원이 나와 비닐로 된 우비를 손님들에게 나눠주는 것이 아닌가. 갑자기 비가 와서 파크 구경에 불편하게 해서 미안하다고 하면서. 속으로는 날씨가 변덕스러운 것이 미안할 일인가? 싶었지만 디즈니는 캐스트들의 자율적 연기로 게스트들에게 소소한 감동을 안겨 주는 그런 곳이었다.

파크에 들어서는 순간 스스로를 연기자cast로 인식하고 거기에 걸맞은 행동과 멘트를 하게끔 훈련된 서비스에 고객들은 푹 빠져 든다. 지나가는 캐릭터 공주에게 "어디로 가느냐? 퇴근하느냐?"는 장난 어린 질문에도 태연하고 천연덕스럽게 "왕자님과 무도회장에 가기로 했어요. 급히 가야 해요. 늦겠어요." 하는 곳이다.

좌: 이상한 나라의 앨리스, 우: 요정들

이러한 파크 근무자들의 자율성은 고객들에게 최고의 감동과 행복을 선사하겠다는 최상위의 철학과 이념에서 비롯된 것이라고 생각한다. 수천 명의 캐스트가 근무하는 사업장에 탈도 많고 사고도 잦은 것이 당연한 것이지만 캐스트의 자부감과 파크 운영의 철학 이념과 가치라는 단단한 구심점을 만든 결과가 오늘의 디즈니랜드를 있게 한 힘이 아닐까?

지금도 그렇게 하고 있는지는 모르지만, 예전에 디즈니의 관계자와 미팅하면서 들은 이야기도 소개하고자 한다.

지주회사인 월트 디즈니 컴퍼니의 회장은 정기적으로 캐릭터 탈을 쓰고 코스튬을 입고 파크 내 캐스트로 근무하는 관행이 있다고 한다. 본사 빌딩에서 탁상행정만 하는 것이 아니라 실제로 고객 접점에서 같이 호흡하고 생생하게 피부로 느껴보고자 하는 취지일 것이다.

그런 경영을 중시하는 조직문화였기 때문에 오늘날의 디즈니를 만들어 냈을 것이라는 생각이 든다.

테마파크와 투자 구조:
기본 개념과 사례

테마파크와 투자 구조: 기본 개념과 사례

세상은 넓고 전문가는 많다. 테마파크 개발 기획가로서 금융 및 자금조달 구조에 관하여 전문가 수준의 지식을 나누는 것은 어렵겠지만, 이하에서는 프로젝트 매니저라면 테마파크와 관련한 일반적인 개념 정도라도 이해하고 있어야 하는 게 아닌가 싶어 그간의 경험과 지식을 나누고자 한다.

① 투자 구조: Players

테마파크는 막대한 예산이 투입이 되는 사업이다. 적게는 수천억, 많게는 수조 원이 소요된다. 이 크나큰 자금을 조달하고 운용하기 위해서 1인 혹은 하나의 기업이 감당하기에는 쉽지 않을 것이다. 설령 가능하다고 해도 자본시장에서는 타인의 자본을 빌려 쓰는 레버리지를 활용하는 것이 일반적이다.

프로젝트를 실행하는 과정에서 소요 자금을 분담하는 회사들이 모인 집단을 이른바 PFV(Project Financing Vehicle, 프로젝트 금융투자사)라

고 한다. SPCSpecial Purpose Company, 특수목적법인의 한 형태로써 대규
모 부동산개발을 위한 개발자금을 수월하게 조달하려는 목적성을
지닌다. 조달 자금의 부담을 여러 참여 주체출자자 혹은 출자사들이 분
담하여 리스크를 분산하고 사업추진의 대외적 신뢰도를 높이기
위한 프로젝트 기반의 법인이라고 할 수 있다.

상법의 적용을 받는 일반적인 SPC의 경우 사업 소득분과 배
당 소득분 모두 이중 과세의 대상이 되나, 부동산 개발 분야의 장
려책으로 PFV의 경우 법인세법과 조세특례제한법에 근거하여 취
등록세 50% 감면이라는 세제 혜택을 부여하고 있다. 이러한 연유
로 SPC의 한 형태인 PFV를 설립하여 부동산 프로젝트 개발 사업
을 진행하는 것이 유리하다고 할 수 있다.

하지만, PFV의 경우 자본금 50억 이상, 회사 존립기간도 2년
이상 존치하여야 하며 별도의 AMCAsset Management Company, 자산관리
수탁사와 자금관리업무 수탁사금융기관에 운영을 맡겨야 하는 등 다소
엄격한 조건을 따라야 한다. 이런 점에서 자본금 5천만 원에 언제
든 법인 청산이 가능하고 직접 자산 및 자금 관리가 가능한 SPC
가 유리한 경우도 있다.

둘 모두의 공통점은 페이퍼 컴퍼니paper company로서 사업 참여
주체와는 절연되어 회계 및 법률상 별도의 법인형태를 띠는 회사
로서, 법적 지위인 법인격은 적용 받되 실체가 있는 사무소나 상
근 임직원이 없어도 된다. 다만, 주식회사 형식으로 발기 설립되어
야 하며, 책임 있는 발기인과 등기이사, 감사가 선임되어야 한다.

통상 PFV 법인을 구성하기 위해서는 사전에 프로젝트에 관심이 있는 여러 출자자들이 모여 컨소시엄consortium을 구성하게 된다. 여기에는 다양한 이해관계를 가진 개인 혹은 회사가 참여하게 되는데 출자비율, 프로젝트 관련하여 얻고자 하는 혜택benefit, 법적 지위 등을 놓고 기나긴 줄다리기를 하게 된다. 그 최종 결과물은 협약서 형태로 마무리 되고 법적으로는 PFV 법인 등록으로 표현될 것이다.

사업의 성격에 따라 컨소시엄에 참여하는 이해관계자들은 일률적이지는 않다. 누락 없이 열거해 본다면 다음과 같다.

1) 전략적 투자자(SI, Strategic Investor)   테마파크 사업의 경우에는 프로젝트의 속성상 완성 이후에도 지속적인 운영 관리를 필요로 하고 분양 등 단기적인 투자금 회수가 아닌 중장기적인 운영 수익을 발생시켜 투자회수가 이루어지는 사업이다. 이에 파크 자체의 운영, 그 외 쇼핑, 음식점, 주차장 등의 부가 매출 사업과 관련한 전략적 투자자가 참여하게 된다.

좀 더 욕심을 낸다면 경영권을 확보하거나 사업을 영위하기 위해 컨소시엄 출자비율도 높이고 의사결정 과정에 적극적인 SI도 있을 것이다. 테마파크라는 특수한 분야이므로 조직의 네트워킹을 활용하고 전문 인력을 투입하여 힘든 일을 도맡아 진행하면

----

1 SI는 어떤 의미로는 운영에 참여를 전제로 하는 경우가 많기 때문에 OI(Operation Investor, 운영 투자자)로 불리기도 한다.

서 의사지배력을 발휘하고 Sweet Equity[2]노동에 대한 가치 지분 형태로
실제 출자금보다 높은 수준의 출자지분을 보상해 달라는 조건을
제시하기도 한다.

SI로 참여한 투자사 중에는 사업의 구상과 계획을 주도하는
기획사건설사업에서는 시행사 역할을 하는 회사가 있다. 이후에 재무적
투자자를 참여시키는 과정에서 각종 필요한 일을 하게 된다. 재무적
투자자들은 사업에 필요한 인력조직과 자본금 중에서 후자를 담당
하는 역할을 하는데 선행적으로 요구하는 사항들은 통상 ① 사업
계획서와 재무경영정보cash flow 등, ② 담보물토지, 주식, 채권 등 제공
등의 리스크 헷지risk hedge, 위험 회피 방안, ③ 인허가 완료 가능성의
확인 등을 요구하게 된다. 제2, 제3의 여러 자본투자자를 설득하
는 데 필요한 자료들이다.

2) 건설 투자자CI, Construction Investor   기업 합병이나 청산 등
의 프로젝트에는 관련성이 없겠지만, 거의 모든 부동산 개발에는
건설 투자자가 참여하는 것이 당연하다.

막대한 사업비 투입 중에 건설 부문에 배정된 예산이 상당하
므로 대형 부동산 개발 프로젝트는 건설회사 입장에서는 매력적
인 사업이다. 프로젝트가 시행되면 공사를 맡고 건설 이윤을 남기
기 위한 목적으로 참여하게 된다.

----

2 해외 국가들에서는 특수하고 까다로운 사업이 성사될 경우 기여도에 따른 sweet equity
   인정이 보편화되어 있다.

3) 재무적 투자자FI, Financial Investor　　　테마파크 조성 사업비의 규모가 막대하다는 점에서 국내 혹은 해외의 금융 중개기관 즉, 기관 투자자은행, 증권사, 보험사, 자산운용사와 공적 기관산업은행, 연기금을 거치거나 사모펀드PE, Private Equity 등 집합적 투자자를 통해 조달하는 방식을 쓴다. 어느 대부호가 독지가처럼 "내가 다 부담할게"가 아니라면.

재무적 투자자들은 경영권에는 관심이 없다. 금융 지원에 따른 이자수익, 매출발생에 따른 배당금 수익, 그리고 원금의 안정적 상환에만 관심이 있기 때문에 협약서 체결 시에도 리스크 최소화를 위한 담보조건의 요구, 풋옵션foot option 등을 통한 주식 지분 및 자산의 우선 처분권과 확정이자율을 요구한다.

그러나 경영권에 참여하고 사업의 정상적 운영에 관심이 있는 일부 사모펀드 회사의 특이한 사례도 있다. 일본 오사카의 유니버설 스튜디오 재팬 테마파크의 경영 정상화 과정에 골드만 삭스의 자회사 사모펀드인 크레인 홀딩스Crane Holdings에서 경영참여를 했던 사례가 이에 해당한다.

4) 공공·정부 투자자GI, Governmental Investor　　　테마파크의 경우 대규모 부지를 필요로 하기 때문에 공공기관 혹은 국가 소유의 부지에 조성되기도 한다. 테마파크의 관광산업 및 지역경제 활성화라는 공공적 이익이 사업추진의 동기라고 할 수 있다.

공공 부문에서 참여하는 방식은 ① 토지 등 현물 출자, ② PFV 지분 직접출자 참여, ③ 도로, 전철, 상하수도 등 인프라 지원을 통한 개발이익 발생분에 대한 지분의 인정 요구 등이 있다.

현물출자는 토지가격 평가액만큼 지분을 인정받는 것을 말한 다. 그러나 글로벌 테마파크의 사업 구조를 보면 토지에 대한 현 물출자 외에도 장기무상임대50년, 100년라는 방식도 테마파크 유치 협상 카드로 많이 활용된다.

공공부문의 지분 참여는 PFV의 대외적 신인도를 부여하는 데 긍정적 기여를 한다. 특히 글로벌 테마파크의 해외 진출 사례 를 보면 해당 지방자치단체나 공공기관의 지분 참여가 일반적임 을 알 수 있다. 정부 등 공공 출자 비율이 20~50%에 이른다. 우 리나라에서는 강원도 춘천 레고랜드 테마파크가 그 사례에 해당 한다. 이례적으로 과감한 공공부문의 지분 참여가 이루어져 조성 가능성을 높이고자 하였다.

GI와 관련하여 우리나라의 참여 형태는 토지 제공, 인프라 지원 위주에 머물러 있다. 테마파크 사업의 필요성은 인정하나,

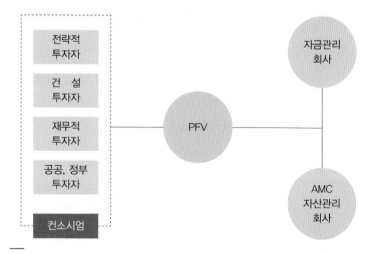

테마파크 개발의 일반적 투자 구조

사업 참여와 지원 방식에 있어서는 구태에 머물러 있다.

조성Build 이후 소유권 이전Transfer, 운영Operate 혹은 임대Lease, 소유Own와 관련하여 다양한 공공 혹은 민자사업 형태로 BTO, BTL, BOT, BLT, BOO 등이 있다. 테마파크 사업에는 어느 하나로 단정하기는 어렵다. 마산 로봇랜드의 경우 BTO와 BOO의 혼합 방식으로 사업이 진행된 사례이다.

② 계약의 단계: Documents

언론 등에서 종종 '중동 ○○프로젝트 수주 할 듯. 정부와 양해각서 체결.' 이런 기사를 보게 된다. 투자 참여사들끼리 이런 저런 문서들이 오가는데 프로젝트 매니저로서는 문서의 이름을 듣고서 대강은 어느 정도 사업의 판frame이 짜여 가는구나 가늠할 수 있어야 한다. 더 읽기 전에 그동안 들어본 문서계약 이름을 최대한 떠올려 보자.

이하에서 언급되는 문서계약의 이름과 단계는 테마파크 프로젝트의 실행을 위한 실제 '투자' 참여를 전제로 한다. 어떤 경우는 투자금과 상관없이 '우리 함께 잘 해 봅시다'라는 취지의 가벼운 문서도 상당히 오간다. 알곡과 쭉정이를 가릴 줄 알아야 한다.

양해각서 MOUMemorandum of Understanding

양해각서란 특정 사업의 투자 관계에 있는 당사자들이 본 계약을 체결하기에 앞서, 교섭의 중간 결과를 바탕으로 서로 이해하고 있는 사항을 확인하고 기록한 문서를 말한다. 따라서 양해각서는 사업 투자에 대한 계약 체결 이전에, 쌍방의 의견을 미리 조율하고 확인하는 상징적 및 선언적 의미를 담고 있는 문서로 볼 수 있다.

양해각서에는 사업의 목적과 내용을 명시하는 한편 투자금액에 대한 참여 범위를 포함하는 것이 바람직하다. 양해각서는 법적 구속력이 없으나, 위반했을 경우에는 도덕적 비난과 명예 실추, 신뢰도 하락의 부정적 평판이 남는다.

투자의향서 LOI Letter of Intent

투자의향서란 계약에 앞서 투자 대상에 대한 투자의향을 밝히는 문서이다. 투자에 관련한 내용을 구체적으로 명시해야 한다. 투자의향서에는 투자 희망금액 혹은 주당 희망 인수가를 비롯하여 경영 참여 여부와 방식, 투자 방법 등을 상세하게 기재하는 것이 좋다.

이 정도면 투자 참여의 의지를 정리해서 구체화시켰다는 의미에서 한층 진일보한 것으로 볼 수 있겠다. 그러나 여전히 법적 구속력은 없다. 구체적 의지의 표명 정도라고 할 수 있겠다.

투자확약서 LOC Letter of Commitment

투자확약서는 특정 사업에 투자한 자금에 대한 수익 배분을 확약하고 그 내용을 명시한 문서를 말한다. 투자확약서에는 투자 자금 및 수익 지급 사항을 상세하게 명시하는 것이 통상적이다.

　　여기서부터 투자 참여자는 상당한 부담을 느끼고 책임감 있게 행동해야 한다. 법인격 상호 간에 체결된 확약서로서 정당한 사유 없이 이를 어기고 손해를 발생시킨 경우 소송의 근거 자료로도 활용될 수 있기 때문이다. 그래서 공공기관들에서 시행하는 공모사업의 여러 참여 조건 중에 컨소시엄 내부의 투자확약서를 제출하는 조건을 제시하기도 하는데 진정성 있는 사업 참여 여부를 확인하려는 의도가 담겨 있다.

기본협약서 Agreement

기본협약서란 계약 당사자들이 계약의 내용을 자율적으로 협의하고, 이에 대해 상호 준수할 것을 명시한 문서를 의미한다. 앞서 수없이 오갔던 문서들의 주체들 즉, 투자 참여자들이 계약의 주체로서 한자리에 모여 상호 간 역할과 참여 범위, 법적 지위, 얻고자 하는 혜택, 법적 책임과 면책 사유 등을 하나의 계약 문서로 정리하는 과정이다. 법적 구속력을 가지는 계약이다.

　　이 이후는 기본협약서의 틀 안에서 개별 계약들이 이루어지기 때문에 각 이해관계자와 투자 참여자들은 그동안의 공손한 이미지는 간데없고 양보 없는 치열한 협상을 벌이게 된다. 각 사를 대리하는 변호사들이 동석하여 문구 하나하나까지 들여다보며 수십 번의 회의라는 긴 터널을 지나야 빛을 보는 것이 기본협약서라고 할 것이다.

③ 테마파크 투자 구조 실제 사례: Cases

1) 유니버설 스튜디오, 재팬오사카 그리고 싱가포르　　싱가포르
유니버설 스튜디오는 겐팅 그룹이 전부 출자하고, 싱가포르 정부
는 카지노 사업권 특혜와 인프라 지원에 충실하였으므로 단순한
투자구조라 상세히 설명할 것도 없다.

유니버설 스튜디오 재팬은 1990년대 중반부터 장기 불황으
로 황량해져 가던 오사카 준공업지대에 재생Rehap, rehabilitation 사업
의 일환으로 시작된 프로젝트였다. 1997년 7월, USJ 주식의 보통
주가 최초로 청약되었고 시 정부가 최대 주주로서 지분 참여 비
율이 제일 높다는 점이 눈에 띈다.

이는 프로젝트에 대한 지방정부의 의지를 표명한 것이다. 그
결과, 글로벌 테마파크 유치 성공이라는 성과를 가져왔다. 여기까
지는 좋았다. 오픈 이후 파크 경영에 비전문가 집단인 시 정부 관
계자들이 참여하였고 설상가상 파크 내 불량 유제품 사용이라는
사건이 터지면서 파크 개장 초기부터 실적 부진으로 극심한 경영
위기를 겪는다.

〈1997년 7월, USJ 지분 참여 현황〉
25%　오사카시
24%　Universal Studios Entertainment Japan Investment
　　　Company
10%　Rank Holdings (Netherlands) B.V.
10%　Sumitomo Metal Industries Ltd.

5%   스미모토사

5%   Hitachi Zosen Corporation

21%   기타 30개 기업

2006년 3월의 보통주 구성 비율의 변화를 살펴보자. 주목할 만한 것은 개장 초기 경영실적 부진에 이어 IPO 상장폐지라는 위기에 처했던 유니버설 스튜디오 재팬의 지분 비율에 사모펀드 회사 골드만 삭스의 자회사인 크레인 홀딩스가 최대주주로 등장하였다는 점이다.

이례적으로 경영에 참여하여 영업 정상화라는 좋은 결실을 맺었다. 여기에서 멈추지 않고 몇 년 뒤 해리포터 어트랙션 개발에 과감히 투자를 감행하여 기대 이상의 경영적 성과를 올리고 ㈜USJ의 기업가치를 대폭 상승시켰다.

〈2006년 3월, USJ 지분 참여 현황〉

42.8%   Crane Holdings, Ltd.

13.0%   오사카시

12.5%   Universal Studios Entertainment Japan Investment Company

9.6%   DBJ Value Up Fund

5.2%   Sumitomo Metal Industries Ltd.

2.6%   스미모토사

2.6%   Hitachi Zosen Corporation

0.9%   Rank Holdings (Netherlands) B.V.

10.9%   기타

유니버설 스튜디오 파크 투자 현황 비교: 재팬, 싱가포르

구 분	US Singapore	US Japan
투자자	겐팅 그룹(100%)	(주)USJ, 오사카市 등 9개사
투자비	1 billion US$	1,700억엔
리조트	450,000㎡	546,000㎡
파 크	202,000㎡	546,000㎡
입 지	센토사섬	오사카시 준공업지대
형 태	도심 인접형 리조트	도심형 테마파크
주요시설	테마파크, 카지노, 쇼핑몰	테마파크, 시티워크, 호텔
특이사항	막대한 투자 인센티브 제공 - 카지노(내국인 출입가능) - 인허가 등 행정 지원	시 정부 주도형(SPC 설립) 지방 정부의 사업 참여 및 철도 등 인프라 적극 지원

2) 북경 유니버설 스튜디오 리조트[3]   베이징 유니버설 스튜디오 프로젝트는 전 세계 글로벌 테마파크 유치 사례 중에서 이례적으로 단기간에 이루어진 경우다. 상해 디즈니랜드 프로젝트와 자국 내 경쟁 구도 하에서 공산국가로서 정부의 신속한 의사결정과 공공부문의 적극적 참여와 지원이 있었기에 가능하였다고 할 것이다. 사실 그 이전에는 중국의 산업 항만도시인 텐진 지역과 2012년부터 공식적인 협상이 진행되고 있다가 수도 베이징으로 급선회하였다.

----

3   아직 파크 정식 명칭은 확정되지 않았다. 하지만, 유니버설 스튜디오 베이징이 아닌, '유니버설 베이징'이 될 가능성이 높다는 것을 현재 중국 내에서 중국식으로 명명하여 통용하고 있는 것을 살펴보면 짐작할 수 있다. 단일 파크에는 스튜디오라는 명칭을 쓰는 것이 일반적이나 플로리다 지역의 몇 개 파크를 묶어서 '유니버설 올랜도'라고 부르고 있는데 중국의 경우도 초대형 리조트 단지 조성에 대한 의지의 표명으로 추측할 수 있다.

먼저 사업 추진 경과를 살펴보자.

2014년 9월에 중국 국가경제기획부에서 본사업의 진행을 승인하였다. 곧이어 유니버설 파크앤리조트의 CEO 토머스 L. 윌리엄스는 2014년 10월 유니버설 스튜디오 베이징 조성에 참여하기로 중국 정부와 계약을 체결하였다. 1년 뒤 2015년 9월에는 뉴욕에서 유니버설 파크앤리조트의 소유회사였던 컴캐스트 NBC유니버설과 조인트 벤처 체결 행사를 가졌다. 여기에는 컴캐스트 회장 Brian Roberts와 중국 정부 대표인 Shouhuan 총괄이사가 참여하였다. 1년 뒤 2016년 10월에는 사업 조성 부지에서 기공식을 가졌다.

다음은 사업의 주요 개요이다.

2019년에 유니버설 스튜디오 헐리웃 스타일의 구성을 갖춘 테마파크를 오픈할 예정이었으나 현재 진행 경과를 보면 1~2년 지연될 것이 예상된다. 개발 지역은 베이징 동측 Tongzhou구區이며, 총사업비는 500억 위안8조 9천억 원으로 여기에는 지하철 건설비를 포함하고 있다. 테마파크 부문에 들어가는 순 조성비용은 33억 달러3조 8,500억 원 정도로 추정된다.

아시아뿐만 아니라 전 세계 유니버설 스튜디오 계열의 테마파크 중 단일 파크 규모로는 최대로 예상된다. 하지만 사전 검토 단계에서 북경지역의 추위 등 입지 적정성 논란이 끊이지 않았다. 그 결과 기후계절성를 극복할 수 있는 보완시설을 타 파크 대비 대폭 추가할 계획을 포함하면서 전체 사업비가 증가하는 원인이 되었다.

발표된 사업추진의 내용을 살펴보면 1단계로는 36만 평에 오사카 2배, 싱가폴 5배 규모 메인 테마파크, 복합 엔터테인먼트 시설시티워크, 유니버설 호텔을 조성한다는 계획이다. 이후 2단계 사업2번째 테마파크, 워터파크, 5개 리조트 호텔이 마무리되면 총 120만 평 규모의 대형 리조트로 변모하게 된다.

마지막으로 사업 참여 주체 관련하여서다. 4개의 중국 국영 회사가 컨소시엄을 구성하였고 '베이징 Shouhuan 문화관광투자사'로 명명되었다. 협상 결과, 지분의 비율은 유니버설 30%, 투자사 70%로 중국 내 자본비중이 월등히 높았다. 조성 이후 운영회사의 지분은 유니버설 70%, 투자사 30%로 협의되었다.

3) 상해 디즈니 리조트   중국 수도 북경지역의 글로벌 테마파크 사업에 앞서, 온난한 기후와 넉넉한 배후인구를 보유하여 입지적으로 매우 매력적인 상하이 지역에는 디즈니 리조트가 조성되어 운영 중이다.

먼저 사업의 진행 경과를 살펴보자.
2009년 11월에 상해 자치정부 홍보실에서 상해 디즈니 개발 관련 중앙정부의 승인을 발표하였다. 당시 총투자액은 244억 위안화4조 3천억였다. 2010년 11월에는 월트 디즈니 컴퍼니디즈니 본사에서 상하이 셩디 그룹4과 계약을 체결하였다. 이후 2011년 1월에는 중국 중앙정부에서 사업추진을 공식 발표하였다.

----

4   중국 Shanghai Shendi Group은 상해 Lujiazui 컴퍼니, 상해 라디오 필름 및 텔레비전 개발 컴퍼니, 그리고 Jinjiang 인터내셔널 그룹 홀딩 컴퍼니로 구성되었다.

2011년 4월에 착공식을 했다. 2014년 4월에는 디즈니 회장 밥 아이거 씨가 디즈니 측에서 8억 달러9,300억 원 규모로 투자에 참여하겠다는 발표를 하였다. 전적으로 라이드 추가 도입에 쓰일 것이라고 명시하였다. 이에 사업비는 총 6조 4천억 원으로 증가하였다.

당초 계획은 2015년 1차 오픈이었으나 1년 지연되어 2016년 6월에 정식 오픈하였다. 매직 킹덤에 이어 향후 EPCOT과 애니멀 킹덤을 추가 개발할 예정으로 궁극적으로는 One day가 아닌 체류형 Destination 파크를 계획하고 있다.

사업의 주요 개요를 살펴보면 총 개발 면적은 4㎢ 1백 20만 평이다. 투자 구조로는 중국 정부 소유의 다수 기업이 출자하였고, 디즈니사와 조인트 벤처 형태를 띠고 있다. 1단계 사업으로 상해 푸동 지역의 남동 측에 테마파크의 주요 시설 중심으로 개발을 진행하여, 상해 디즈니랜드와 호텔 2개디즈니 호텔 420실, 토이 스토리 호텔 800실, 디즈니 다운타운을 조성하는 것이다. 2단계로는 디즈니 리조트와 연계하여 남서 측 지역의 도시개발을 진행한다는 계획을 가지고 있다.

사업 참여 주체를 살펴보면, 소유법인은 '상해 국제 테마파크 컴퍼니'이며 디즈니가 43%, 상해 Shendi그룹이 57%의 지분을 보유하고 있다. 운영을 맡은 자회사의 지분은 디즈니가 70%, Shendi그룹이 30%로 구성되어 있다.

개장 원년은 반년만 운영하여 560만 명, 2017년도에는 1천

1백만 명, 2018년도에는 1천 2백만 명으로 연간 입장객 상승세를 이어가며 운영 호조를 보이고 있다.

4) 레고랜드 춘천

국내에서 2000년대부터 시작된 20년간의 숱한 해외 테마파크 유치 관련 소식은 대부분 공수표로 물건너갔다. 문화재 발견, 시행사의 법적 문제 등 여러 우여곡절에도 불구하고 유일하게 가시화되는 사업이 강원도 춘천시 중도에 위치한 레고랜드 코리아 테마파크 사업이다.

이 분야에서 일해 온 필자로서는 우리나라의 투자구조와 관행 그리고 언론과 도의회 등 반대 여론의 뭇매를 견뎌 내고 사업을 여기까지 끌고 온 리더들과 담당자들에게 존경의 뜻을 표하고 싶다.

먼저, 사업의 추진력을 유지하는 데 크게 이바지한 정부 지원 내용부터 살펴보자. 강원도와 춘천시는 현금출자, 토지 제공, 인프라 조성, 인허가 해결 등 공공부문의 광범위한 지원으로 사업의 성공적 유치를 위한 리더십을 발휘해 오고 있다.

사업의 개요 관련하여, 총사업비는 약 5천억 원으로 추정된다. 사업부지의 총면적은 43만 평, 개발부지 면적은 30만 평, 테마파크 용지는 12만 평으로 책정되었다. 대부분 강원도 소유지이나 일부 사유지도 포함되어 있다.

공공부문의 세부 지원 사항은 다음과 같다.

① 현금출자: 총 자본금 600억 중 100억 원을 단계적 출자
- PFV 회사 설립 시 1억 원
- 부지 조성 착공 전 89억 원
- 파크 조성 착공 전 10억 원

② 토지 확보 및 제공: 일부 사유지 토지수용 행정적 처리
- 파크 부지 무상임대50년 기본, 필요시 50년 연장
- 파크외 용지 유상매각영업 개시 50%, 잔금은 5년 내, 3% 이자율

③ 인프라 조성 지원: 협의 外 추가 필요시 조건 없는 지원 보장
- 하중도~근화동 교량 조성900~950억 중 국비 50% + 지자체 잔여 분담
- 상하수도 인프라 시설전액 강원도 지원 조성
- 전기, 가스, 통신 시설사업경계 외 강원도 지원 조성

④ 인허가 외
- 외국인투자지역 지정미실현시 사업계약 파기 조건
- 문화재 이슈의 해결, 적기의 인허가 지원 보장

5) 마산 로봇랜드　　해외 테마파크는 아니지만, 자생적 토종 테마파크로서 경상남도 창원시 소재에 로봇을 주제로 한 테마파크가 완공되어 운영 중이다.

개발 면적은 1,259,890㎡이며, 총사업비는 7,000억 원으로 이 중 국가 560억, 경상남도 1,000억, 창원시 1,100억, 민자 4,340억으로 조달되었다. 참여 주체는 경상남도와 창원시, 경남로봇랜드재단, ㈜대우건설 컨소시엄이다. 하지만 비전문가 집단의 경영 참여 상황을 볼 때, 일본 유니버설 스튜디오가 개장 초기에 겪었던

경영상의 혼란과 운영 실패의 전철을 밟을까 심히 염려된다.

1단계 사업은 공공과 민간 합자투자[5]로 3,660억 원을 투여하였다. 조성 이후 공공부문에서 R&D 센터, 로봇 전시관 및 경기장, 로봇 체험시설, 컨벤션 센터 그리고 기반시설을 직영하고 로봇테마파크는 별도의 민간 운영회사를 선정하여 관리를 맡기고 있다.

이후 2단계 사업으로 예상 사업비 3,340억 원을 민간사업자로부터 전액 투자받아 호텔, 유스 호스텔, 콘도 등 숙박 시설을 마무리하고 가족, 청소년 단체 등 전국 단위의 고객을 유치한다는 계획이다.

참여 주체들의 역할과 업무 범위는 다음과 같다.
〈경상남도와 창원시〉
가. 로봇랜드 조성지역의 지정 신청
나. 로봇랜드 조성실행계획승인 신청과 조성실행계획 변경 신청
다. 로봇랜드 공공부문 사업비 예산확보와 집행
라. 로봇랜드 조성부지 확보 및 '을'에 대한 조성부지의 출연
마. 로봇랜드 조성실행계획승인 신청과 관련한 각종 영향평가 및 관련 인허가 사항
바. 로봇랜드 공공부문과 민간부문의 공사감독, 공정의 관리 감독, 공사비의 적정성 검토, 준공검사, 운영에 관한 업무지원과 감독 및 그와 관련된 업무의 인허가 및 관리
사. '을'에 대한 감독 및 지원

----

5 1단계 사업비는 공공에서 2,660억(국가 560억, 경상남도 1,000억, 창원시 1,100억)을 민간에서 1,000억으로 구성되었다.

아. 기반시설 조성

자. 기타 본 협약에 의해 정해진 사항 등의 관리 및 감독

차. 로봇랜드 사업에 수반되는 토지, 지장물, 영업권 등의 보상

〈경남로봇랜드재단〉

가. 공공부문 시설의 조성, 운영, 관리

나. 로봇랜드 조성부지의 확보 및 임대 또는 매도

다. 특수목적법인에 대한 출자

라. 로봇랜드 시설 공사에 대한 감리 및 감독

마. 특수목적법인에 대한 위탁시설 운영비의 지급

바. 민간사업자 또는 특수목적법인과 합의된 공공부문 시설의 운영
   수익의 수납 및 관리

〈㈜대우건설 컨소시엄〉

가. 로봇랜드 민간부문 시설의 조성·관리·운영 및 위탁시설의 관
   리, 운영을 목적으로 하는 특수목적법인의 설립·출자

나. 민간부문 시설의 기본설계 및 실시설계

다. 로봇랜드 민간부문 시설의 조성실행계획승인 신청을 위한 각종
   시설 조서와 도서 등의 작성 등 사업 시행에 필요한 행정절차
   의 이행

라. 로봇랜드 민간부문 사업추진을 위한 사업비의 사전 확보와 이
   와 관련된 제반 비용 부담

마. '을'과 특수목적법인으로부터 도급받아 시공하는 로봇랜드 조성
   사업과 관련된 제반 공사

바. 기타 본 협약에 의해 정해진 사항

세부 프로젝트와 생각할 점

CHAPTER 07

세부 프로젝트와 생각할 점

① 동물원 zoological garden

동물복지, 동물권리에 관한 관심이 커지면서 사업 진행에 안팎으로 험로가 예상되는 사업이다. 동물보호단체들이 연대해 언론을 중심으로 반대여론을 주도할 가능성이 있다.

개인적으로는 이러한 운동과 활동이 우리 사회의 성숙 과정에서 불가피하다는 점은 인정한다. 하지만, 야생동물은 원서식지에서만 살아야 하고 인간의 돈벌이 수단으로 여기지 말아야 한다는 주장이 일견 옳기는 하나, 문제는 그 보호 대상 동물들이 이미 인간에 의해 서식지가 파괴되어 돌아갈 곳이 마땅치 않고 설령 억지로 돌려보낸다고 해도 인간의 탐욕 대상에서 벗어나기 어려울 것임이 불 보듯 뻔하다.[1] 지구상에 살아가는 인류가 큰 합의를

----

1 필자가 남아프리카 공화국에서 겪은 일이다. 야생동물들을 찾아다니며 보는 관광을 하고 있었다. 여행 중에 보름달이 유난히 커 보이는 날 탐험 가이드에게 신비롭다고 말했다. 그는 "저걸 남아공에서는 어떻게 부르는지 아느냐? 우린 Bloody Moon이라고 부른다"고 답했다. 다음날 뉴스 채널에서 '어제 저녁 야생 코뿔소 6마리가 불법으로 도륙되었다'는 내용을 접하고서야 무슨 뜻인지 비로소 깨닫게 되었다. 밝은 보름

이루어 야생동물이 살아야 할 서식지를 다시금 되돌리고 침범하지 않는다면 가능할까?

동물원의 역사를 보면, 그 시작은 식민지 개척과 수탈로 전 세계 동물들을 수집하고 열악한 공간에 강제로 전시하던 인간 중심의 동물원에서 출발했다. 그렇게 수백 년을 거친 후에야 비로소 원서식지 반환 활동뿐만 아니라 멸종 위기 동물들을 종보존하고 교육하고 연구하는 공공적 역할을 수행하고 있다. 최근의 동물원들은 완전하지는 않지만 서식지에 걸맞은 전시환경으로 개선하고 동물들의 건강성을 강화, 유지하는 데 주력하고 있다. 최선Best의 대책이 불가능한 상황에서, 차선Second Best의 노력을 하고 있는 셈이다.

아무리 도시화, 문명화되더라도 인간 본연의 자연에 대한 동경심은 영원할 것이다. 소득수준이 높은 일본, 미국, 유럽 국가들은 각 지역마다 그 지역을 대표하는 동물원과 식물원, 아쿠아리움들을 보유하고 있다.

달은 밀렵하기에 최적의 환경을 제공한다. 남아공의 저소득층 주민들은 백인 주류층보다 훨씬 낮은 40~50만원의 저임금으로 살아간다. 하지만 코뿔소의 뿔을 잘라 불법 밀매로 거래가 성사되기만 하면 한 번에 수백만 원을 벌 수 있다. 밀렵하려는 자와 이를 막으려는 사람들 간의 싸움은 끊이지 않고 있다.
말레이시아의 보르네오섬에 갔을 때의 일이다. 방갈로가 있는 어느 농장을 갔는데 발목이 잘린 어린 코끼리가 있었다. 성인 수컷 개체의 상아를 노린 덫에 아무것도 모르는 어린 코끼리가 그만 희생되었다고 하였다.
금본주의와 구조적인 소득계층화 현상 심화가 낳은 참극이 아닐까? 인간 스스로의 사회적 문제가 해결되기 전까지는 야생동물들은 어떤 식으로든 희생양으로 계속 남을 것이다. 오히려, 현시점에 요구되는 대안은 착한 동물원, 환경적으로 잘 꾸며진 동물 보호 센터가 아닐까 생각해 본다.

월트 디즈니 월드 애니멀 킹덤 파크, 킬리만자로 사파리

　　우리나라도 큰 흐름에서는 그렇게 변해 갈 것으로 예상한다. 뉴욕 시에는 세계 으뜸 도시에 걸맞게 금융가, 쇼핑몰 등 상업시설뿐만 아니라 동물원, 아쿠아리움, 박물관, 공원, 미술관, 과학관, 공연장 등 문화시설들이 있다.

　　일방의 논리 즉, 동물원의 존립 여부만을 들여다보고 편협한 결론에 이르기보다는 전체 상황을 이해하고 대안을 모색하는 거대 담론적 시각에서 접근할 필요가 있다. 아프리카 동물들은 아프리카에서만 보아야 하는가? 그럴 수 없는 상황이라면 대안은 무엇인가? 그 대안의 출발점에서 우리가 서 있다면 우리는 어떤 선택을 하여야 할까?

　　현실에서 마주하는 사회적 이슈들은 정답을 찾기가 더욱 어렵다. 야생동물들이 갇혀 있으니 동물원은 허용하면 안되는 시설인가? 애완동물들의 경우는 펜스가 없고 경계가 없으니 갇혀 지

내는 게 아닌 것인가? 인간의 생활공간에서 벗어나지 못하고 자
유로운 산책을 한다지만 목줄에 이끌려 다녀야 하는 애완동물의
삶과, 비록 울타리에 갇혀 있지만 제한적인 공간 내에서 마음껏
자유의지로 다닐 수 있는 동물원 동물들의 삶은 어떻게 보아야
하는가? 버려져 자연 혹은 건물 숲 사이로 떠돌고 있는 유기견이
나 유기묘가 행복한가 아니면 좁은 집에 갇혀 지내며 관리받는 반
려동물들이 행복한 것인가? 물과 먹이를 구하기 위해 하루에 수십
킬로 때로는 수백 킬로미터를 걸어야만 하는 코끼리의 고단한 자
유가 나을까? 아니면 먹이를 안정적으로 급여 받고 건강하게 돌봄
을 받는 좋은 환경이 갖춰진 동물원에서 사는 것이 나을까?

그리고, 우리가 늘 잊고 지내는 수많은 가축들은 또 어떤가?
우리의 육식 본능을 위해 좁은 곳에 갇혀 사육당하고 제 수명의
반의반도 살아보지 못하고 도살되어 식탁에 오르는 가축의 경우

도축장 slaughter house

는 동물권과 동물 복지의 예외적 존재들인가? 이 생명들에 대한 동물권은 왜 인간에게 없어서는 안될 단백질 공급원이라는 이유로 정치 사회적 이슈 속에서 주목받지 못하고 있는 것일까? 인간들이 육식을 포기하지 않는 한, 어떤 식으로든 가축의 대량 생산과 도축이 계속될 것이다.

왜 배스나 블루길은 생태계 교란종으로 한국 땅에서 낙인찍혀 낚시꾼이 잡게 되면 물 밖에 던져져 서서히 고통 속에 죽어야만 할까? 자연에 풀어 놓은 인간은 어디로 갔으며, 할 수 없이 생명을 이어가는 그 종들은 무슨 원죄가 있는 것인가?

한라산 주변에 한때는 멸종위기라서 그렇게 애지중지 제주도의 얼을 상징하는 것처럼 보호되던 노루와 고라니가 어느 날부터 농작물 피해 주범으로 밉상이 되어버린 것은 또 어떤가? 많아지면 줄여야 할 대상이고 소수이면 멸종위기 동물로 강력한 처벌까지 하면서 반드시 지켜내야 할 대상이 되는 것인가? 인간보다 먼저 살고 있었던 노루에게 섬을 내어주고 인간들이 떠나야 하는 것일까?

이 모든 화두는 결국 인간인 우리가 정하고 자기중심적인 이해관계로 재해석하고 있는 것에 지나지 않는다. 동물원의 존립도 이 화두 속에 결부되어 있다. 이미 공존 중에 있는 수많은 동물들과 식물들은 조용히 지내고 있는데, 인간들은 패러다임을 쥐기 위해 오늘도 소란스럽게 다투고 있다.

서설이 매우 길었다. 동물원의 기본 시설로는 동물들이 지낼

동물사, 전시공간, 안전 펜스, 행동 풍부화를 위한 구조물과 시설, 치료를 위한 동물병원 등이 있다. 이를 운영할 전문 인력도 확보해야 한다. 동물 복지를 위한 법적 최소 요건을 명시한 동물원법을 따라야 한다.

그리고, 전시를 위한 동물들은 야생에서 포획하는 것이 아니라 전 세계 동물원에서 잉여 개체들을 수집하여 확보한다. 사업자가 직접 감당하기 어려우므로 동물전문수급업체들을 활용하는 것이 일반적이다. 관련 업체들은 전 세계 동물원과 정보를 주고받으며 개체 보유 현황, 잉여 개체 가능성 등의 정보를 가지고 있다. 야생에서 바로 데려올 경우 동물원 시설에 적응하지 못하고 폐사될 가능성이 매우 높다.

일부 동물종은 잉여 개체를 확보하는 데 매우 오랜 시간이 소요될 수 있다. 시장 제품처럼 돈만 있으면 언제든 사 올 수 있는 것이 아니기 때문이다. 여의치 않으면 전시 계획 동물 종 자체를 변경해야 한다.

동물 수급의 절차는 다음과 같다.
1) 전시 계획 동물 리스트업list up
2) 동물 수급 업체의 자문 요청: 수급 가능성 점검
3) 전시 계획 동물 변경
4) Owner's requirement 발송 → Intent of participation 접수 → Request for proposal 발송 → Proposal 접수
5) 제안서의 평가 및 업체 선정통상 복수 업체
6) 협상, 계약 및 선금 지급

7) 현장 검수 및 개체 선정

8) 해당 수출국의 검역필증 및 수출허가서

　　* 구제역 민감성 동물: 현지 검역장 6개월 이상 계류 및

　　검사검역장 지정 관련하여는 김천 검역본부 담당자 승인 사항

　　* 국제 멸종위기 지정 동물: CITES 발급 필수

9) 우리나라의 검역 요구조건 준비, 수입허가서

10) 수출국 – 동물 운송통상 항공수송 – 수입국

11) 국내, 동물 검역 실시: 대형 동물은 사업지 혹은 지정시설

12) 통관세 납부

13) 동물원 동물 반입내륙 수송

14) 동물 적응 훈련: 개체, 그룹간

15) 개원 및 동물 전시

다음으로, 동물원 설계에서 참조할 만한 최근 전시 기법들을 소개하고자 한다. 동물원 하면 떠오르는 이미지는 케이지, 높은 담장 혹은 펜스, 동물사 건물 등일 것이다. 감옥을 방불하게 하는 인공적 시설로 인해 외부로부터 비판에 자유롭지 못하며, 내부에서도 자성적 목소리를 높이고 있다.

이러한 시대적 흐름 속에서 동물원도 테마파크의 환경 연출 기법을 점차 수용하고 있는 양상이다. 최근에는 동물이 사는 집동물사을 감추고 펜스나 담을 없애는 형태로 바뀌고 있다. 이는 테마파크가 연출 환경에 몰입감을 높이기 위해 많은 노력을 기울이는 것과 맥을 같이 한다.

해당 동물종의 서식지 환경을 옮긴 듯한 파노라마 뷰를 제공하여 마치 서식지에 와있는 것처럼 느끼게 하는 것도 한 가지 방법이다.

동물전시 구역은 펜스나 담장이 없어지면 인공적인 구조물이 없어지므로 자연스러운 관람환경에는 좋으나 동물들의 이탈 문제가 발생한다. 기존의 펜스나 담장을 존치하고자 한다면 담쟁이 등 식물로 자연스럽게 덮어 인공적인 느낌을 제거할 수도 있다.

이와는 달리 최근에는 '하하Ha Ha' 기법을 대안적 전시방법으로 채택하고 있다.

모트moat, 함정 혹은 웅덩이를 활용하되 관람객의 시야에서는 모트가 보이지 않도록 앞쪽에 언덕이나 구조물을 두어 시각적 차단을 하는 기법을 말한다. 시각적으로는 개방감을 부여하고 한층 자연스러운 연출이 가능한 장점이 있지만, 지상 구조물에 비해 높은 비용과 부지 면적의 손실을 감내해야 한다는 단점이 있다.

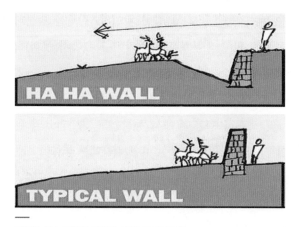

하하(HaHa) 기법의 이해를 위한 다이어그램

② 콘도미니엄, 리조트

콘도미니엄 사업은 일반적으로 분양 계획을 염두하고 추진되는 사업이다. 신규 아파트 개발처럼 준공률에 따라 분양 물량을 단계적으로 풀 수 있어 초기에 사업비를 회수한다는 장점이 있다. 재무회계적 관점에서는 분양대금은 만기 도래시 처리해야 할 장기 부채로 남는다. 만약 개장 후 지속적인 경영악화로 손실이 누적될 경우에는 부채 상환에 어려움을 겪게 될 수 있음도 유념해야 한다. 분양의 경우 관광진흥법, 시행령, 시행규칙에서 그 절차와 조건을 규정[2]하고 있다.

　　과거에는 콘도 놀러 간다고 하면 숙박 그 자체가 고급의 여가생활로 받아들여졌으나, 이제는 숙박 자체만으로는 경쟁력이 떨어진다. 이에 주변 환경이 수려하고 부대편의시설놀거리, 볼거리, 먹거리 등과 워터파크, 온천, 바데풀장, 지역 특화 체험시설해변이나 산지 트래킹, 숲체험, 갯벌체험 등, 스키장, 놀이기구 등 종합 리조트 시설의 구색을 갖추어 가는 것이 대세로 자리 잡았다. 즉, 숙박시설만으로는 경쟁력 확보와 차별화가 어렵고 매력적인 집객시설도 같이 개발해서 '왜 꼭 그 리조트를 가야만 하는지'에 대한 답을 할 수 있어야 사랑받는 리조트가 될 수 있다고 할 것이다. 차세대 관광 소비 주체들은 SNS 등을 통해 인생 샷을 담을 어떤 무언가를 끊임없이 요구하고 있다.

2　분양 및 회원모집을 하기 위해서는 사업계획서와 승인신청서에 대하여 해당 시군구의 심의와 승인을 거쳐야 한다. 대지소유권리, 건물 소유권의 확보 등 확인절차와 더불어, 건축법에 명시된 감리자의 건설공정 보고서상 20%의 공정률이 지나면 회원분양을 개시할 수 있다.

우리나라도 점차 고급 휴양시설에 대한 니즈가 커질 것이 분명하다. 객실 위주의 대형 리조트들이 포화상태에 다다르고 있는 대량 소비 중심의 기존 시장 상황에서 소비 여력이 있는 계층을 중심으로 한적하고isolated, 방해받지 않고private, 고급스러운luxurious 숙박시설이 더욱 늘어나 레저 소비의 다양화를 주도할 것으로 전망한다.

③ **골프장**Golf country club

잔디와 조경수, 화초류의 유지관리를 위한 농약, 비료 등 사용으로 환경문제가 끊임없이 제기되는 우리나라에서 골프장 신규 조성은 쉽지 않은 상황이다. 게다가 골프장 개발 면적도 상당[3]하여 우리나라 부동산 가격으로는 도시 근교 신규부지매입과 확보란 불가능에 가깝다. 격오지의 경우는 골퍼golfer들의 접근성이 떨어져 가동률 저하가 우려되므로 이용료 인하 등 운영적 검토가 필요하다.

최근에 인도어 골프 연습장, 스크린 골프 연습장 등의 증가로 골프 저변 인구가 많이 늘어났다. 정규 골프장과 골프 연습장 간 상호 시너지를 이끌고 있어 흥미롭다. 가처분소득이나 인구수를 감안하면 당분간 국내 골프 시장은 꾸준히 확대될 전망이다.

----

3 정규 골프장 18홀을 기준으로, 최소 평지의 경우 유효면적 15만평, 구릉지(경사지)의 경우 20만평, 산악지역의 경우 30만평 이상을 필요로 한다. 하지만 국내법(도시계획법) 개정과 시행 이후 점차 그 면적이 상향되고 있는 추세이다. 환경 보존 및 재난 대응 측면에서 녹지 확대, 우오수 및 폐수 처리시설 면적 증가, 저류지 확보 등이 강화되는 추세에 있기 때문이다.

④ 아웃도어 스포츠outdoor activities 시설

쇼핑몰, 놀이공원, 워터파크 등 여러 부문에서 계절성seasonality4을
극복하기 위한 시설들이 점차 늘어나는 추세다. 하지만 야외에서
본연의 자연을 느끼는 맛과는 분명히 다를 것이다.

세계 최대의 실내 쇼핑몰, 웨스트 에드먼턴 몰, 캐나다

----

4 계절성(seasonality)이란, 특정 시설이 기후적 조건에 영향을 받는 상황을 말한다. 여
   름철에는 고온다습하여 야외활동이 어렵고, 겨울철은 매서운 바람과 추위로 야외활
   동에 제약을 받는다.
   시설별로 계절성의 영향은 다르다. 워터파크는 여름, 스키장은 겨울, 야외 파크는 봄
   가을이 성수기이다. 이러한 계절성을 극복하기 위해 실내 시설로 조성하면 통제된
   온도 하에서 연중 시설 운영이 가능한 장점이 있으나, 초기 막대한 공사비가 요구되
   며 운영 중 냉난방/공조/공기질 등에 경비 발생도 상당하다는 점을 유념해야 한다.
   대형 실내(indoor) 공간을 만들기 위한 최근의 기술적 진보도 한 몫하고 있다. 전통적
   방식인 철골구조와 강화유리에서 경량철골구조와 아크릴을 거쳐 최근에는 내구성도
   우수하면서 다양한 막구조의 신소재(예, ETFE)를 사용하여 구조물을 경량화 하면서
   도 태양광 투과율도 높이고 에너지 효율도 잡는 시공 방법들이 적용되고 있다.

레저 활동으로 훼손되는 자연을 염려하는 기사들도 연일 접하게 된다. MTBmountain bike로 다운힐downhill 하는 지역의 산길 훼손, MTVmulti-terrain vehicle 혹은 ATVall-terrain vehicle로 인한 초지와 들판의 훼손, 등산객에 의한 산길 훼손과 등산로 폐쇄 등이 그것이다. 자연을 즐기고자 하는 인간의 욕구와 지속 가능한 조건을 만들어 이를 가능하게 하는 야외형 스포츠 시설들이 점차 선보이고 있다.

그중에 소개하고자 하는 시설 중 하나로 인공 급류타기래프팅, rafting 시설이 있고, 다른 하나는 인공 서핑surfing 시설이다.

인공 래프팅 시설은 미국 카약 대표선수들은 안정적으로 훈련하기 위해 처음에는 개발되었다. 이후 개발된 시설과 원리를 일반인을 대상으로 한 파크에 응용하면서 공개되었다. 원리는 간단하다. 인공적으로 조성된 높은 수조에 워터 펌프water pump로 물을 끌어 올리고 손님들이 래프팅을 즐기도록 만든 인공수로에 물을 흘려보내면 유속을 발생한다. 수조와 수로에 있는 물은 계속 순환되고 수처리 시설을 거쳐 정화filtering된다. 유속을 조절하여 초급 중급 상급 전문가 수준으로 나누어 여러 세부프로그램을 운영할 수도 있다.

현재로서는 여러 하천에서 유량과 기온이 맞아야만 즐길 수 있는 래프팅의 계절성을 극복할 수 있는 좋은 대안이다. 수온을 유지할 수 있고, 가뭄이나 폭우 등의 영향을 받지 않으므로 운영 기간을 늘릴 수 있는 장점도 있다.

미국 노스캐롤라이나 샤롯데, 인공 래프팅장

다음으로 인공 서핑장이다. 현재 인공 파도를 만들 수 있는 조파造波기술은 크게 세 가지를 들 수 있다.

1) 워터 챔버water chamber에 펌프로 물을 끌어 올려 채운 뒤 챔버의 수문을 일시에 열어서 파도를 만드는 방식
   ▸ 물을 채우는 데 일정시간이 필요하다. 파도 만드는 횟수가 제한적이다. 가장 저렴하고 전통적인 조파기술로 워터파크 파도풀에 많이 쓰인다.
2) 공압 혹은 유압으로 작동되는 조파장치를 레일 위에서 움직여 파도를 만드는 방식
   ▸ 조파 주기가 짧아 수용력이 높은 장점이 있으나 유지비가 높다.
3) 공압 혹은 유압으로 조파장치에 충격을 가하여 그 파장으로 파도를 만드는 방식
   ▸ 서핑을 위한 대형 파도를 만들기에 부적합하다는 단점이 있다.

웨이브 가든, 운영 중에 있는 인공 서핑 파크

이 인공 서핑장 역시 자연적 제약 조건을 극복하기 위한 노력의 산물이다. 서핑 보드를 차에 싣고 먼 바닷가까지 고생해서 갔는데, 파도가 좋지 않아서 헛걸음했던 서퍼surfer들에게는 훌륭한 대안이라 할 수 있다. 한국에서는 최초로 시화 거북섬 MTV 단지 내에 개장하였다.

국내에 서퍼 인구가 점차 늘고 있는 추세로 시장 선점 효과도 기대해 볼 수 있을 것이다.

⑤ 기존 법인의 인수

우리나라는 창의적 관광사업을 추진하기 어려운 나라이다. 신사업의 자금조달에 있어 구조 형성이 쉽지 않다. 무엇보다 우리나라의 투자자들은 창의적인 사업보다는 선례가 있는 안전한 사업을 선호한다. 이러한 우리나라의 투자 관행은 어느 한 곳에서 성공사례를 만들게 되면 전국에서 Fast Follower들이 생겨나 다같이 수익성 악화를 떠안는 시장 상황을 만들고 있다. 해안도시에서 해상 케이블카로 재미를 보는가 싶더니 이젠 전국 방방곡곡이 해상 케이블카 천국이 되었다. 시장 선도적이고 화제성 있는 초기 사업만이 높은 리스크와 함께 높은 수익을 보장받는 곳이 관광 산업이다. 시장 선점으로 성공한 사업의 선도자나 기업은 언제나 선망의 대상이지만 누구나 그렇게 될 수 있는 것은 아니다.

이런 관점에서, 새로운 것을 시작하기가 두렵거나 역량이 되지 않는 투자자 입장에서는 아직 성장 여력이 남아 있는 사업 분야에서 기존의 사업장을 인수하고 입맛에 맞게 리뉴얼하여 시장에 진입하는 것도 한 방법이 될 것이다. 해를 거듭할수록 행정적 규제와 절차, 주민 갈등과 사회 단체들의 반대의 벽이 높아지고 있다. 매연이나 먼지 등을 야기하는 산업이 아니라서 지역 사회나 단체에서 환영할 것이라는 생각은 오산이다. 국가 전체적으로는 관광경쟁력 확보가 장기적으로 필요하다고 외치고는 있지만, 실행 단계에서는 결코 녹녹하지만은 않다.

법인 인수 과정에는 자산 평가와 인수 조건 협의가 필수적이다. 전문적인 외부 평가기관의 검토를 거쳐 매도인과 매수인 간 합의가 이루어지면 최종 인수계약 체결이 완성된다. 이러한 과정에서 법인 인수협상팀의 역할도 중요하겠지만, 기획 부문의 참여도 필수적이다. 인수 후 어떤 시설로 재꾸밈을 할지 큰 방향을 정하는 역할을 담당한다.

⑥ 워터파크

우리나라의 워터파크 산업은 2개의 대형 워터파크가 과점 형태로 시장을 지배하고 있고, 최근에 우후죽순 생겨난 중소형 워터파크들은 실적 악화의 어려움을 겪고 있는 상황이다. 온난화와 아열대 기후대의 확장으로 워터파크 사업에는 유리한 시장 환경임에도 불구하고 많아도 너무 많이 생겨났다는 것이 문제다.

　　바닷가는 불편하고 계곡은 안전사고 등 위험이 통제되기 어려운 곳이다. 여름 시즌에 워터파크를 한 번쯤 다녀오는 것은 우리나라 사람들에게 이미 자리 잡은 하계휴가의 한 모습이다. 장기 전망은 나쁘지는 않지만 치열한 경쟁 속에서 어떻게 살아남느냐가 관건일 것이다. 당분간은 인수, 폐업 등 시장 구조 개편이 불가피할 것으로 예상된다.

⑦ 스키장

스키장 산업의 장기 전망은 좋지 않다. 기후 온난화로 제설製雪에 드는 비용이 지속적으로 증가하고 운영 일수도 점차 줄고 있다.
　　게다가 세대 간의 소비 이전이 되어야 하는데 밀레니얼 세대들은 스키라는 이 복잡하고 번거로운 소비를 즐겨 하지 않는 성향이 있다. 차로 먼 거리를 이동해서 무거운 장비들을 대여하고 불편한 옷을 착용해야 하는 등 스키 스포츠는 한 번 즐기기까지 진입장벽이 높다고 할 수 있다.

　　현재 주 소비계층은 X세대들로 향후 스키 산업이 다시 활성화 되기 위해서는 스키어skier들의 저변 확대에 총력을 기울여야 한다. 국내 카 레이싱 서킷car racing circuit 산업이 활성화 되지 못하고 있는 이유와도 같다. 해외 유명 서킷의 경우 어린이를 위한 다양한 프로그램을 운영하고 미래의 서킷 고객 확보에 사활을 걸고 있다. 먼 미래를 보고 오늘을 준비하는 스키 사업자들의 각고의 노력이 필요한 시점이다.

영국 자동차 서킷에서 열린 청소년 이벤트 경기

⑧ 테마파크 외곽 엔터테인먼트 상업시설

글로벌 테마파크의 쌍두마차인 디즈니랜드와 유니버설 스튜디오는 파크에 진입하지 않고 이용할 수 있는 입구 지역의 상업 시설을 운영 중이다.

　　디즈니의 경우 다운타운 디즈니Downtown Disney로, 유니버설 스튜디오의 경우 유니버설 시티워크Universal CityWalk라고 부른다.

테마파크 엔터테인먼트 상업시설, Downtown Disney

테마파크 엔터테인먼트 상업시설, Universal CityWalk

테마파크의 분위기만을 느끼고 싶고 주된 활동이 퇴근 후의 쇼핑과 다이닝dining 정도라면 테마파크 입장권을 사기에는 부담이 있다. 이러한 소비 욕구를 충족하면서 수익을 창출할 수 있는 시설이 파크 정문의 상업 시설이다.

두 입구 상업 시설의 차이점이라면, 디즈니의 경우 파크의 철학과 디자인을 최대한 유지하는 것을 기조로 하고 임대 매장들은 로고 사인물과 인테리어에 약간의 변화를 준 반면, 유니버설 스튜디오의 경우는 비교적 화려하고 이색적인 느낌으로 임대 매장들에게 자율성을 많이 부여하여 조성되었다는 것이다.

다운타운 디즈니는 직영 매장이 상당히 많은 반면, 유니버설 시티워크는 거의 대부분 임대 매장으로 운영되고 있다는 것도 차이점이다.

⑨ 소규모 상업적 테마 시설

대규모의 야외 테마파크들은 부지 확보상 도심 외곽에 위치하는 것이 일반적이다. 이와는 달리 도심형으로 실내에 만들어져 테마파크의 일부라도 맛보기를 할 수 있게 조성된 확장형 시설이 있다.

현재 강원도 춘천시에 조성되고 있는 레고랜드Legoland는 중규모의 테마파크로 젊은 가족이 주 타깃인 시설이다. 레고랜드의 도심형 상업적 버전이라 할 수 있는 '레고랜드 디스커버리 센터' Legoland discovery center는 전 세계 주요 도시의 상가에 입지하여 있다.

그 지역의 유명 건축물을 정교한 레고블럭으로 만들어 전시하고 코너에는 아이들이 실제로 만지고 놀고 체험할 수 있는 공

레고랜드 디스커버리 센터, 베를린

간으로 구성되어 있다. 물론 레고 시리즈 판매는 덤이다. 아직 우
리나라에는 없으며 몇 군데 유치하려고 협의한 것으로 보이나 진
척은 알 수 없는 상황이다.

⑩ 다이닝 쇼, 테마 레스토랑

연회를 열어 먹고 마시고 공연을 즐기는 놀이문화는 아주 오래전부
터 있었다. 경축일에 왕궁에서 왕과 신하들, 시골의 장터에서는 백성
들이 그렇게 고단한 삶에 활력소처럼 연회와 공연을 즐기며 살았다.
　　현대에서도 이러한 컨셉을 응용한 형태는 많다. 나훈아 님,
이미자 님의 다이닝 콘서트가 그러하다. 이하에서는 좀 더 스케일

있게 지속 가능한 사업 모델로 개발하여 운영되고 있는 사례를
소개하고자 한다.

북미 지역 10개 도시에서 '중세시대'Medieval Times로 명명한
공연 관람형 테마 레스토랑이 운영되고 있다.

티켓을 끊으면 식사가 포함되어 제공되는데 손님들을 몇 개
의 그룹청군 백군 홍군 황군으로 나누어 입장시킨다. 중세 기사들이 서
로 왕비 앞에서 마상馬上 창대결과 검투로 토너먼트를 벌이며 각
축하고 최종 승리한 그룹은 환호를 지른다. 하지만 승리에 대한
보상은 없다. 즐길 뿐이다.

북미의 공연형 레스토랑 '중세시대' Medieval Times

이 경기를 관람하면서 중세 시대에 먹었을 법한 식사가 제공
되어 잠시나마 시대를 거슬러 간 듯한 기분을 만끽하게 된다. 만
약 우리나라라면 어떤 콘텐츠contents와 콘티continuity를 풀어낼 수
있을까?

⑪ **복합 리조트**IR, Integrated Resort

2000년대에 들어서면서 우리나라에 복합리조트라는 개발 이슈가 핫하게 논의되었다. 현재는 인천 영종도 등지에 사업 추진이 활발하다.

복합리조트란 기존의 단일 리조트 시설과 부대 영업시설 중심의 사업을 넘어 다양한 분야의 시설을 연계하여 대단위로 조성되는 리조트 시설을 의미한다. 호텔hotel, 카지노casino,5 쇼핑몰shopping mall, 컨벤션convention, 전시시설exhibition, 공연장theater, 레스토랑premium restaurant, 테마파크theme park 등을 한 곳에 집약적으로 개발하여 가족, 비즈니스 모두가 한 공간에 머물며 관광소비를 가능하게 한다.

국가적으로는 일거에 대규모 투자를 유치하고 국내외 관광 경쟁력을 높일 수 있으며, 고용효과 또한 매우 크다는 점에서 매력을 느끼고 있다. 하지만 복합리조트에는 카지노 사업권이 항상 등장하는가를 생각해 본적이 있는지? 명분은 대규모 투자에 대한 불확실성이 높기 때문에 무언가 안정적 수익성을 담보하기 위한 사업권을 필요로 한다는 것이다.

복합리조트의 산업 형태는 미국 네바다 주의 라스베이거스에서 비롯되었다고 한다. 1970년대에 절정을 이룬 뒤, 1980년대 후

----
5   카지노(casino) 사업은 그 부정적 이미지 때문에 순화하여 게이밍(gaming) 사업으로 부르기도 한다.

반에 들어서는 카지노 중심의 도박도시라는 오명과 함께 방문객들이 등을 돌리기 시작하면서 극심한 침체를 겪게 되었다. 무언가 도시의 변화를 필요로 했고 1990년대에 컨벤션, 전시회, 다양한 쇼 공연을 더하면서 다양한 사람들이 도시를 방문할 수 있는 생태계를 만들었던 것이 복합리조트 산업의 시초라고 한다. 라스베이거스의 성장 과정을 보면 호텔＋카지노＋쇼 → 컨벤션, 전시회, 쇼핑, 공연장이라 할 수 있다. 세계적인 카지노 기반 관광도시임에도 입지 자체사막의 한계를 가진다. 막대한 배후 인구를 끼고 있는 동양의 도박도시 마카오에게 지역내총생산Gross Regional Domestic Product을 추월당하였다.

싱가폴은 센토사라는 기존 관광지에 작은 규모이긴 하지만 유니버설 스튜디오 테마파크를 유치하고 카지노 사업도 추가하면서 기존 관광지에 경쟁력을 더하는 형태로 진행되었다. 일본에서도 최근 중장기적 국가 관광경쟁력 확보를 위한 복합리조트 사업을 추진하겠다고 천명하였다.

이제 국내에서 계획하고 있는 복합리조트의 상황을 살펴보자. 카지노 사업권 허가 자체가 국민 정서상 매우 조심스럽기 때문에, 카지노 업장을 대규모로 한 곳에 모아서 공간 분위기를 만들어 낼 수도 없다. 외국인 전용의 카지노 업장들끼리 해외 VIP들을 경쟁적으로 유치하고 외화가 유입되도록 파이를 키울 수 있는 집적효과가 아쉽기만 하다. 외국인 및 국내 관광특구로 키우겠다는 야심찬 발표에도 불구하고 영종도에는 겨우 3개의 카지노 업장이 흩어져 있다.

그렇다면 다른 상황들은 어떤가? 세계적인 컨벤션 유치가 가능할까? 라스베이거스나 올랜도처럼 대규모 공공컨벤션 센터도 없다. 개별 사업자가 시설 중 하나로 겨우 운영하고 있는 것이 전부이다.

그나마 내국인 관광객들이 가볼 만한 쇼 공연은 또 어떤가? 복합리조트를 외치면서도 강력한 구심력과 콘텐츠 없이 성공은 가능할까? 영종도 복합리조트 조성 사업은 앞으로 풀어가야 할 과제가 많은 곳이라는 생각을 떨칠 수 없다.

좌: 라스베이거스, 우: 인천 영종도

ISSUE

01 프로젝트 매니저가 챙겨야 할 프로젝트 추진 과정에서의 점검 포인트

1. 사업부지 확보

먼저 고려해야 할 이슈로는 사업목적에 맞게 쓸 수 있는 소위 깨끗한 부지인지부터 확인하는 일이다. 깨끗한 부지라는 의미는 법적으로 필요한 만큼 확보하는 데 문제가 없는지를 따져 보아야 한다는 것을 말한다. 다음의 내용들을 점검해 보아야 할 것이다.

① 도시계획상 목적에 맞게 쓸 수 있는지와 그렇지 않을 경우 용도
변경의 가능성이 있는지

해당 지방자치단체의 행정기관은 적극적일지라도 상급 자치단체인
도 단위에서는 입장이나 태도가 사뭇 다른 경우가 많다. 권한을 가지고
있는 담당부서에 꼼꼼한 확인이 필요하다. 국토계획관리법에 따르면 지
역마다 녹지 비율을 일정하게 유지하도록 하고 있어 대규모 개발사업
의 경우 부지의 상당한 면적이 녹지로 할당되어야 하는 경우가 있다.

② 공공기관의 수용 혹은 사용 동의를 구해야 할 국유지, 도유지,
시유지 등을 포함하고 있는지

비록 행정기관에서 좋은 사업으로 보아 여러 형태로 지원이 이루어
지더라도 특혜 시비에서 안전할 수 없다. 정당한 이전 혹은 임대 절차
를 거치더라도 누군가는 이슈화하고 사업 진행 과정에 생채기를 내는
경우가 허다하다. 지역 언론, 반대 주민, 지역 의원들이 이슈화 주체가
될 가능성이 높다.

③ 마을이나 문중 공동 소유지를 포함하고 있는지

공동소유지는 내부의 이해관계가 복잡하게 얽힌 경우가 대부분이므
로 토지 매입 혹은 토지사용승낙을 얻기 위한 법적인 정리까지 오랜
시간이 소요될 수 있다. 이 점을 감안하여 매입 혹은 사업계획에서 제
척여부와 관련하여 명확히 방향을 정해야 한다.

④ 분묘이장(移葬) 협의 혹은 개장신고 후 이장(移葬) 가능성 확인

예상보다 난항을 겪을 수 있는 것이 우리나라의 특수한 분묘 기지권
인정제도이다. 타인의 부지에 무단으로 분묘를 두게 되어도 함부로 이
장할 수 없다. 분묘의 이해관계자, 즉 문중 혹은 그 대표자와 협의를 거
치게 되어 있다. 따라서 부지매입과 동시에 연고자를 찾는 노력을 부단
히 하고 그 근거를 꼼꼼하게 기록으로 남겨 두어야 한다.

언론 매체 광고, 현장 안내문 표지판, 인근 마을의 협조, 벌초나 성묘 시기에 문중과의 접촉 시도 등 지속적 관리가 필요하다. 주인 없는 무연고 묘지에 대하여는 이러한 연고자 파악 노력에도 불구하고 사업 지연이 예상될 경우를 감안하여 무연묘 개장신고를 지자체마다 실시하고 있다. 그전까지 누구나 납득할 만한 노력을 해서 인정되어야 신청을 진행할 수 있도록 하고 있다.

⑤ 문화재 발견 가능성의 점검

문화재가 발견되어 보존 혹은 이전 결정 시 수년간 사업은 중단 지연된다. 사업지 주변이 역사적 유적지와 유물이 출토되거나 발굴된 사례가 있는 지역인지 사전 조사를 하여야 한다. 발견되지 않으면 다행이지만, 그렇지 않을 경우를 대비하여 유관 행정기관과 사전에 협의를 거치는 것이 좋다.

⑥ 멸종 위기 동식물의 서식 가능성 확인

멸종위기 동식물은 환경단체에서 관여하는 경우 계속 이슈화될 사항이다. 사업자체를 무한정 지연시킬 수도 있는 좀처럼 끝나지 않는 논쟁에 휘말릴 가능성이 높다. 신뢰할 만한 조사단체나 용역업체에 의뢰하여 정기적으로 생태계 및 환경 조사를 통해 사업지 현황 데이터를 확보하고 서식지 보전 혹은 이전 조치가 필요한 경우 미리 대안을 마련해 두어야 한다. 이 과정에 '무조건 보전'이라는 환경단체들 입장과는 협의점을 좁히기 어려운 게 현실이지만 관여한 환경단체들과도 내용을 공유하고 대안을 같이 모색하려는 노력이 필요하다. 심지어는 조사기관의 조사내용도 사업자 입장을 대변한다는 시각에서 불신하는 경우가 비일비재하다.

⑦ 진입로 확보 필요시 협의 가능성 유무 점검

인근 국도나 지방도와 인접하여 자연스럽게 연결되는 부지라면 문제

될 것이 없지만, 사업 대상부지가 진입도로를 추가로 확보할 필요가 있거나 맹지일 경우에는 처리해야 할 중요한 사안이 될 것이다. 통상 이러한 목적으로 부지 매입을 진행할 경우 해당 토지주와 적정 가격대로 협상하는 일은 순탄치 않다. 사전에 토지주와 협의를 통해 사업의 지역 기여도와 기대효과를 설득하는 등 합리적인 선에서 부지 매입이 이루어지도록 노력할 필요가 있다.

2. 주민 수용성 이슈
① 사업 착수 전
마을 전현직 이장, 개발위원, 주요 자생단체장 등을 포함한 지역 주민들에게 사업계획을 설명하고 마을회의 입장을 수렴하는 과정이 필요하다. 이러한 과정을 거치고 난 후 시의 적절하게 마을회 전체를 상대로 사업설명회를 가지는 수순을 밟도록 한다. 이런 노력에도 불구하고 반드시 모든 사업에는 뒤늦게 사업 내용을 전달받지 못하고 소외되었다는 연유로 민원을 제기하는 사람들이 등장하게 된다. 민원의 제기는 피할 수 없지만, 민원을 줄여가는 것은 이러한 노력의 결과물일 것이다.

② 인허가 등 사업 추진 과정
단계별 인허가를 거치면서 마을회와 연관된 이슈 사항들에 대하여 공식 혹은 비공식적인 설명과 설득 과정을 지속적으로 챙겨야 한다. 필요하다면 사업자와 마을회의 법인격 간 입장을 공식적으로 문서로 남기는 것도 좋은 방안이고 협의 과정에 대하여 세세하게 문서나 녹취, 영상물 등으로 기록화하여 두면 좋다. 협의 안건, 일자 및 시간, 참석자, 협의 내용에 대하여 연대기를 작성해 두는 것을 권한다.

최종적으로는 법적 사항은 아니나 많은 경우에 마을회와 사업자 간 상호상생협약서를 체결하게 된다. 이 협약서에는 그간 마을회에서 사업 내용을 설명 듣고 마을회 입장에서 요구되는 사항들을 집약적으로 담게 되며 대부분 마을발전기금이라는 명목으로 사업자가 기부금을 제공하는 것을 포함하고 있다. 한국에서의 통상적 사례를 보면, 협상력을 높이기 위해 마을회에서는 일단 반대부터 하고 서서히 협의점을 좁혀가는 형태로 진행됨을 관찰할 수 있다.

　법적 지위로는 마을회의 공식 대표격인 이장이 마을회의 직인을 사용하여 협약서를 체결하는 형태를 띠나 주의할 점은 공식적인 대표자나 대표기구만을 거치게 되면 추후에 마을회의 다른 반대주민들의 이의제기 등에 직면하여 협약서의 효력 자체가 정서법상 무력해질 수도 있으므로 협약서 체결에 있어서 마을회 내부의 전체 동의를 확보하고 있는지를 잘 따져 보아야 한다.

　마을회와의 협의 과정을 효율적으로 추진하기 위해 소수에게만 정보가 공개되고 협의되는 것은 위험성이 있다. 특히 일부 지역민에게 한정된 이권 개입은 마을 내부의 갈등을 유발할 수 있으므로 조심하여야 한다. 마을회의 공식적인 행사와 경조사에 한정할 것을 권한다. 마을회에는 이러한 조심스러운 상황에 대하여 양해를 구해야 한다.

③ 사업 허가 이후 본공사 단계

　지방자치단체마다 사업허가 조건이 다르긴 하나 심의 과정에서 일부 지역민 참여와 건설장비의 투입을 조건부로 하는 경우가 비일비재하다.[6]
　지역주민 입장에서도 이러한 사업의 진행 단계에서 참여할 기회를 얻고 이익을 보고자 하는 이해관계가 맞물려 있다. 이로부터 많은 가처

6　특히 제주도는 특별자치도의 지위를 가지고 운영 단계에서 지역민 고용의 80% 이상, 조성단계에서 지역 건설사의 도급발주 비율을 과반 이상으로 규정하고 있어 사업자 입장에서는 인력 고용과 건설비 효율성 측면에서 부담이 상당하다. 제주도 개발사업의 경우 많은 전문 장비와 건설자재가 육지에서 조달되어야 하고 건설에 투입되는 전문 인력의 현장 체류비 등을 감안하면 적게는 15%에서 많게는 50%까지 도서지역 할증이라는 건설비 상승요인이 발생하므로 사업계획을 수립할 때 사전에 고려되어야 한다.

분 신청 등 민원 제기를 하게 되고 참여기회의 확보를 위해 사업자 측
에 공식적 비공식적 요구를 하게 된다. 이러한 예외 없는 상황에 대비
하여 공개경쟁입찰 등 사업참여의 조건과 기준을 사전에 명시하고 마
을회에도 공유하여 설득하는 과정을 사전에 준비하는 것이 필요하다.

두 가지 이유가 있다. 하나는 사업자 입장에서도 건설사업 발주에
있어 공정하고 투명한 과정을 거치지 않을 경우 공정거래 위반이라는
법인 자체의 문제를 떠안게 되고, 다른 하나로는 개발사업은 기부사업
이 아니라 비용은 줄여야 하고 이익을 극대화해야 하는 영리를 목적으
로 하는 사업이기 때문이다. 해당 지방자치단체와 지역주민의 이해와
협조를 구해야 할 부분이다.

3. 기타 단체들의 사업 관여

앞서 지역주민의 수용성을 논의하였지만, 그 규모나 권력상 또 다른
차원의 집단들이 존재한다. 먼저는 지방자치 단위의 의원이고 다음은
해당 지역 언론사들이다.

행정기관의 자치단체장과 소속정당이 다를 경우, 특히 해당지역의
의원 구성이 자치단체장과 다른 정당이 다수당일 경우, 행정 절차의 진
행에 가혹한 의혹 제기와 진상 규명을 요구하는 일이 빈번하다. 행정감
사, 특별사무감사 등 지방의회가 가진 강력한 견제 수단이 있으므로 행
정 관련한 일처리는 중단되거나 해소되기까지 혼돈의 늪에서 허우적거
리게 된다. 반대주민들의 편에 서서 지방의원이 일을 챙기기 시작하면
더욱 어려운 상황을 겪게 된다.

지역 언론사들도 마찬가지다. 구독률이나 조회수를 높이기 위해 심
한 경쟁을 하는 구도에서 선정적이고 눈길을 끄는 기삿거리를 선호하
게 된다. 사업이 잘되어 가는 것은 기사화되기 어렵다. 사업에 문제가

있다는 것은 기사감이 된다. 법적으로 제도적으로 충실하게 각종 심의 단계를 거친다해도 의혹 제기, 꼼수 행정, 민원과 소송 제기 앞에서 사업자는 속수무책으로 당할 수밖에 없다. 정리될 때까지 인허가 담당부서의 눈치를 보며 상황을 지켜봐야 하는 답답한 일들은 많다.

개발사업을 하는 많은 사람들은 이런 생각을 하게 된다. 정상적인 인허가 절차를 무색하게 하는 이러한 현실 속에서 왜 행정기관 담당공무원과 외부 전문가집단인 심의위원들에게 몇 단계(재심의 경우 추가 반복은 덤이다)의 심의 및 평가 절차를 거쳐야만 하는지? 법과 기준에 맞게 하고 있는지 확인하려는 절차는 남발되는 의혹과 민원 제기 앞에 무슨 쓸모가 있는 것인지? 성숙한 시민사회로 가기 전에 겪어야 할 과정이라고 생각하지만, 공식적인 법(헌법, 법률 등)보다 국민 정서법이 더 무서운 게 한국의 현실이다.

아직까지는 우리나라에서 사업하는 사람은 죄인 취급을 받는다. 행정에 치이고, 의회에 치이고, 심의위원들에게 굽신거려야 하며, 지역주민들과 언론사에게도 겸손해야 한다. 비록 법제도적 테두리 안에서 헌법에 보장된 자유경제주의 원리와 재산권의 보장이라는 규정에 따라 정정당당하게 사업을 할지라도 사업하는 사람은 뭔가 숨기고 기만하며 주변에 피해를 입히는 집단으로 인식되어 있다.

ISSUE 02 코로나 등 전염병과 테마파크 사업

코로나바이러스감염병(COVID-19)이 가져온, 전 세계적 변화는 실로 엄청나다. 역사적으로 다른 바이러스처럼 백신과 치료제가 언젠가는 개발되겠지만 우리의 일상을 예측할 수 없으리만큼 흔들어 놓았다. 인간은 일상생활을 영위하는 데 대부분의 시간을 쓰고 있지만, 이따금 레저 생활을 통해 활기를 느끼고자 다양한 활동을 추구한다. 이러한 개개인의 근본적 욕구가 오랫동안 사회적으로 필요에 의해 억제될 수 있다는 것을 우린 경험하고 있다.

이런 위험이 해제되는 날에는 보상소비가 당분간 이어져 테마파크를 포함한 레저 및 여행 산업은 다시 활기를 되찾겠지만, 잃어버린 시간과 매출을 영원히 메꾸지는 못한다. 이와 같은 상황에서 어떠한 방향의 개발이 조금 더 유리할지 이미 운영 중인 사업장이라면 어떤 식으로 운영되어야 할지 생각해 보고자 한다.

1. 실내형(indoor) 시설보다는 그나마 야외형(outdoor) 시설 선호

아이러니 하게도 계절성을 극복하기 위해 실내형 시설을 선호하기도 하는데 전염병 이슈 이후에는 오히려 야외형 시설이 주목 받게 되었다. 일례로 국내의 롯데월드나 스타필드 같은 실내형 시설은 어려움을 많이 겪은 반면 에버랜드와 같은 야외형 테마파크는 그나마 상대적으로 손님들이 방문이 이어졌다. 위험 상황에서 고객이 상대적인 평가와 선택을 한 결과이다.

2. 비접촉(untact)이 가능한 시설의 이례적 영업 활성화

아무리 준비를 하고 방역과 위생 안전에 만전을 기하더라도 방문시설의 구조적 상황이 대면 접촉을 중심으로 이루어지는 경우에는 손님들은 꺼려할 수밖에 없다. 한 가지 흥미로운 시사점을 주는 사례가 있는데 인도네시아 타만 사파리는 이 코로나바이러스 감염증 시대에 이례적인 호황을 누리고 있다고 한다. 자기 차량으로 가족단위의 사파리 관람이 가능한 드라이브 쓰루(Drive through) 형태의 시설이기 때문이었다. 테마파크를 개발할 때 이러한 불특정 다수의 다중 접촉을 최소화하는 시설 구성이 고려된다면 조금은 운영상 리스크를 분산할 수 있다는 실증적 사례라 할 것이다.

3. 위생 및 방역 조치에 대한 신뢰수준 때문에 개별 펜션 등 숙박시설 보다는 브랜드 위주의 호텔과 콘도를 선호

전염병이 사회적으로 문제가 되고 각종 단계별 거리두기를 실시하더라도 가족들의 유희와 활동은 어떤 식으로든 부분적으로 이루어진다. 일단 활동을 하게 된다면 고객들의 선택은 아무래도 관리가 잘 될 것 같은 브랜드 시설 위주의 소비였다. 즉, 이름 모를 펜션보다는 체계적인 방역과 위생 관리가 이루어질 것이라 생각되는 유명 호텔이나 콘도를 이용하는 경향을 보였다.

4. 가족 단위의 개별적 레저시설 선호: 캠핑장

자연 속이라는 건강한 이미지, 다른 사람이나 가족과 분리될 수 있다는 느낌 때문에 코로나바이러스 감염증 기간에 캠핑장이 인기를 구가하였다. 실제로는 그렇지 않을지라도 내가 그럴 것이라고 믿는 주관적인 긍정적 인식이 선택과 결정에 영향을 미쳤기 때문일 것이다.

5. 해외 여행의 불가 상태 지속과 대안적인 국내 여행 수요의 증가

자가격리 기간 등으로 해외여행은 현실적으로 불가능한 상황에서 동남아, 일본, 중국 대신 강원도, 제주도 등의 국내 여행지 선택지만 주어졌다. 자국민을 상대로 하는 여행 수요에 의존할 수밖에 없는 상황에서 지역 간 관광 인프라의 흥망성쇠 양상도 달라졌다. 한류 등 콘텐츠를 위주로 하는 해외 여행객 타깃 시설은 장기간 고사되고 있다. 국민들의 관광지 선호에 부합하는 지역은 상대적으로 타격이 덜하고 관광 인프라가 취약한 지역은 매우 힘든 상황을 겪게 되었다.

6. 전염병 대응 관련 적극적인 신뢰감 확보 노력이 요구됨

테마파크 운영자 입장에서는 방문객들에게 소독제 사용이나 마스크 착용 등 자발적 협조를 구하는 것 외에 어찌할 방도는 없다. 따라서 파크를 운영하는 주체가 사전에 관리계획을 수립하고 예외 없이 실천할 것이 요구된다. 감염자가 파크 내로 진입하지 않도록 열감지 카메라나 체온 측정을 실시하여 입장 자체를 사전에 차단하는 것은 당연사항이다.

미연방의 질병 관리 및 예방 본부(CDC, Centers for Disease Control and Prevention)에서 제공하고 있는 COVID-19 관련한 지침을 정리하여 나누고자 한다. 불특정 다수가 방문하고 다중적 시설물을 이용하는 것이 예견되는 테마파크 등 유원지 시설과 관련하여 전염병 예방과 확산을 최소화하기 위한 내용을 담고 있다.[7]

우선, 파크 운영자들은 개인 혹은 가족 단위의 단체 간 적어도 2미터 정도의 사회적 거리 두기를 전제로 관리 운영할 것을 권장한다.

두 번째, 모든 근무자와 방문객은 마스크 착용을 의무화한다.

세 번째, 손님들은 가능하다면 별도의 도움 없이 놀이기구에 착석하는 것이 좋고 탑승자들 간에는 사회적 거리 두기가 가능하도록 일정 간격을 두고 이격하여 좌석 배치를 하여야 한다.

네 번째, 게임 시설물은 한 번에 한 사람씩 셀프 서비스 방식으로 한정하여 운영되는 것이 바람직하다.

마지막으로, 기물의 사용 간에는 높은 빈도로 만져지는 표면에 집중하여 청결 유지와 소독을 실시해야 한다. 가능하다면 여러 사람이 나눠서 사용하게 된 물건에 대하여는 수시로 교체하도록 한다. 교체가 불가하다면 앞서와 같이 청결유지와 소독을 반드시 실시한다.

----

7 관련 내용은 다음의 사이트를 참조하라. https://www.cdc.gov/coronavirus/2019-ncov/community/parks-rec/amusement-park-carnival.html

CDC는 전염병의 전파 경로를 두가지로 주목하고 있고 이에 따른 대응 방안 수립이 필요하다고 강조하고 있다. 접촉(touch)과 비말 전파(spread) 두 가지다.

먼저, 접촉 관련하여서 집중 관리를 필요로 하는 고객의 손이 많이 닿는 기기와 시설물들은 어떤 것이 있을까? 차량 손잡이, 결재 기기, 턴스타일, 락커 도어, 자판기, 화장실 도어 및 변기, 진열된 상품, 시설물 출입문, 어트랙션의 안전바(bar), 벤치 등 휴게 시설물 등에 중점 관리를 하도록 한다.

다음으로, 비말 전파를 최소화 하기 위해서는 마스크 착용을 기본 사항으로 하는 것 외에 다음의 사항들을 준수할 것을 권장한다.

① 대기동선에서의 거리두기 실시(안내 입간판과 바닥 마킹, 운영자의 가이드, 대기동선 폭을 좁게 하여 복수의 줄서기가 되지 않도록 물리적인 조치 하기)
② 라이드(탑승물)의 좌석 거리두기(띄워 앉기)
③ 건물의 경우 공조 시스템의 기능을 최대화하고 창문을 개방하여 운영. 야외의 경우는 선풍기 등을 사람들이 없는 방향으로 바람이 흐르도록 배치하여 비말이 분산되도록 한다. 항공기의 경우 위에서 아래로 공기를 흐르게 하고 끊임없이 실내공기를 환류하고 있기 때문에 좁은 밀폐된 공간임에도 불구하고 감염 전파 사례가 적은 것은 이러한 연유 때문이다. 전염병 검사 및 치료 시설에서 음압실을 운영하는 원리와 동일하다.

이러한 노력에도 불구하고 감염자가 파크에서 발생할 경우에는 의혹 없는 정보공개와 사후 방역 조치를 통해 다른 방문객에게 두려움을 해소하고 파크 운영에 대한 신뢰를 유지하도록 하여야 한다.

책을 마치며…
한국 관광산업에 대한 제언

책을 마치며… 한국 관광산업에 대한 제언

따라쟁이가 되지 말고 새로운 곳에 과감히 도전하라

아직은 어느 한 곳에서 재미를 보면, 다른 곳이 모두 따라하는 게 우리나라 관광산업의 현주소이다. 해상 케이블카, 산 능선 자락에 설치된 구름다리, 집라인, 레일 바이크 등 한 곳에 설치되어 인기를 구가하기 시작하면 여기저기 마구마구 생겨난다. 중앙부처도 지방자치단체의 사업을 조정하고 중재하는 콘트롤 타워 역할을 하지 못하고 있다. 결국 투자에 대한 회수가 어려워지면 지역민들의 부담으로 고스란히 남게 된다.

관광산업은 천재적인 First mover가 이득을 본다. 뒤따라 베껴 쓰는 Follower들은 발 빠르면 퍼플 오션, 대부분 레드 오션에서 놀게 된다. 세상은 여전히 넓고 놀거리, 즐길거리, 볼거리, 재미거리는 많다. 처음 하는 것은 당연히 불안하고 어렵다. 그렇다고 마냥 모방에만 머물러서는 되겠는가!

물놀이 하면 바다나 계곡만 생각하던 시절에 미국의 워터파크를 벤치마킹해서 처음 내륙에 대규모 워터파크를 조성했던 용인의 캐리비언베이 사업도 처음 시작 때는 삼성그룹 내부에서 온갖 뭇매를 맞았다고 한다. 개장하고 선풍적인 인기를 얻는 것을 보며 또 하나의 여름 아이콘으로 자리 잡아가고 있음을 알게 되었을 때 그동안 여기저기서 반대하던 사람들이 자기가 한 것처럼 숟가락 올리기에 바빴다는 우습고도 슬픈 일은 언제나 창도적인 개발자가 받아들여야 할 운명이기도 하다.

투자사들은 또 어떤가? 보수적이고 기존의 틀에 박힌 투자처만 쳐다보는 것에서 벗어나 새로운 사업에 적극적으로 나서서 투자하였으면 하는 바람이다. 새롭고 시장을 선도하는 사업보다는 이미 익숙하고 리스크를 최소화하는 데 급급한 투자 관행이 아주 아쉽다. 이런 투자 문화에서는 운영수익을 기반으로 하고 중장기적 관점에서 바라보아야 할 관광산업은 설 자리를 잃게 된다. 관광산업 육성에 있어 정부의 강한 리더십도 기대하기 어려운 상황이다. 관광자원의 인프라 확보, 관광 산업의 국가 경쟁력 제고 등 들어서는 신정부마다 공약으로 내세우고 있으나, 국가 전체의 관점에서 근간이 되는 로드맵이나 마스터 플랜 하나 제대로 없이 우후죽순 서로 베끼기식으로 생겨나는 관광 시설들로 작은 성공과 큰 실패를 반복하고 있다.

관광 소비의 거시 트렌드를 읽자

레저 수요는 갈수록 개인화personalized 맞춤화Customized 되고 있다. 기존의 똑같은 모양의 찍어낸 듯한 숙박시설과 관광상품은 이미

포화단계에 접어들었다. 관광상품도 대량 생산과 소비Mass production and consumption의 시대는 저물고 있다.

당분간 기존 형태의 숙박산업에서 객실률 감소와 매출의 하락세는 불가피할 것이다. 하드웨어적 개발에만 익숙한 사업자들은 여전히 표준화된 평형구조와 용적률 극대화라는 효율성 위주의 전략에 집중하고 있다. 그러나, 앞으로 살아남기 위해서는 특별한 경험을 부여하고 실객단가는 높여서 투자비를 회수하는 형태의 유연한 사업모델이 필요할 것이다.

저출산, 고실업률 등으로 여행 자체의 총유동량은 줄었다. 그러나 가처분 소득이 높은 계층만을 놓고 보면 여행 횟수와 기간은 늘고 있는 추세이다. 경기가 좋아지든, 나빠지든 소비 계층의 이동shift이 발생하므로 핑계거리만 찾고 있을 수는 없다. 큰 틀에서는 기존의 사업구조가 레드오션 속에서 수익성 악화라는 국면을 맞이하겠지만, 항상 시장은 앞으로의 트렌드를 읽고 대응하는 기업을 외면하지는 않았다.

다행히도 일자리를 얻어서 경제활동인구에 편입된 청년들은 결혼과 출산을 포기한 대신, 친구들과 비용을 나눠서라도 특이하고 재미있는 레저, 숙박, 맛집 탐방의 활동을 이어가고 있다. 행복을 추구하는 인간의 마음은 재화를 단순 소비하는 것에서 머물지 않고, 소중한 추억을 간직하게 하는 활동들로 더욱 넓혀 가게 한다.

누가 관광을 소비해 왔고, 앞으로 누가 하게 되는가.

　　1970년대에서 1980년대에 태어난 X세대는 여전히 구매력 측면에서 관광 및 레저 산업의 주도적 세대이다. 이들은 치열하게 살아온 만큼이나 쾌적함과 휴식이 있는 여행을 선호한다. 가족이나 지인들과 함께 할 수 있는 무언가를 찾으며, 복잡하지 않으며 미리 계획된 일정을 따라 즐기는 세대이다.

　　주택 소유를 통한 먼 미래의 행복을 추구하기보다는 가까운 행복을 위해 여행과 레저생활을 즐기는 밀레니엄 세대들millennial이 10년 정도면 관광업계의 주요한 소비층으로 부상할 것이다. 그러나 그들은 취향이 다양하고 까다롭다. 밀레니엄 세대의 공통분모를 찾는 것이 어렵다는 것은 대규모 관광시설 개발 위주의 사업에 리스크도 크다는 것을 의미한다.

　　아프리카 사파리를 지인들과 찾아다니고, 멕시코나 호주에서 고래상어와 수영을 즐기며, 알프스 산지에서 트레킹을 즐기는 힘든 여행을 마다하지 않는다. 장기간의 돌아다니는 여행이 여의치 않을 때에는 가까운 지인과 함께 Staycation[1]을 대안으로 즐기는 등 자기 주도적인 여행과 관광을 선호하는 세대다.

　　한편, 밀레니엄 세대 간에도 취향이 세분화되어 정보를 수집

1　숙박지를 중심으로 해당지역 내에서 휴가를 보내는 것을 의미한다. 우리가 흔히 알고 있는 호캉스(hocance, hotel + vacance)도 인근 호텔에서 바캉스를 즐기는 유행과 관련한 신조어로 스테이케이션의 한 형태이다.

하고 여가를 즐기는 패턴에 차이가 있다고 한다.

　　초기 밀레니엄 세대는 페이스 북Facebook, 트위터Twitter와 같은 Social Network을 통해 정보를 공유하고 존재감을 알리는 것이 주된 활동이었다면, 이후 밀레니엄 세대는 휴대 단말기의 하드웨어적 성능과 편집 앱의 발달과 더불어 자신들이 체험 및 방문 후기 등을 미디어 콘텐츠로 간단히 제작하고 유튜브Youtube나 인스타그램Instagram을 통해 평가를 주도하기를 원하는 적극성을 가지고 있다.

　　전세계 관광조사에 따르면 여행의 의사결정은 여성들에 의해 지배적으로 이루어진다고 한다. 여성들의 여행 결정에 영향을 주는 핵심요소를 잘 파악하는 것이 관광 사업을 하는 첫걸음이다. 여심을 잡지 못하고서 성공을 기대할 수는 없다.

　　더구나 오늘날의 젊은 여성들에게서는 대담하고 독립적이며 새롭고 투박한 여행경험을 추구하는 현상도 나타나고 있다. 그간 한국 여성들은 찜질방, 5성급 호텔에서의 숙박과 스파 정도를 즐기는 것으로 인식되고 있었으나, 앞으로는 이러한 적극적인 여행경험을 더 많이 추구하게 될 것이다.

　　1950년에서 1960년에 출생한 세대는 Senior로 인식되며 베이비 부머baby boomer로 칭하고 있다. 이들은 여생을 위해 보유 자산을 아끼기도 하지만 사랑하는 사람들과 짧더라도 추억을 만들 수 있는 여행에 기꺼이 소비를 하는 세대다. 거칠지 않는 방법으로 동료들과 어울려 모험을 즐기기도 하고, 다른 한편으로는 휴식과 편안함이 있는 여행을 원하는 양면성을 띠고 있다.

우리나라의 관광산업, 그 성장을 희망한다

예로부터 우리나라 사람들은 일할 때는 어느 민족보다 성실하고 근성 있게 일하고 놀 때는 여흥을 즐길 줄 아는 민족이었다. 조선 후기 한국에 도착한 선교사들도 이처럼 노래를 잘하고 춤사위를 즐기는 민족은 없을 것이라고 본국에 보고할 정도였다고 한다. 노동 현장에서도 노동가를 부르고, 봄이며 가을이며 산천을 찾아 꽃놀이를 즐길 줄 아는 민족이 우리 민족이다. 그 유전적인 대물림 탓일까? 김구 선생이 바랐던 대로 한류라는 흐름을 통해 세계 각국에 문화 강국의 면모를 유감없이 보여주고 있다.

하지만, 근대화 및 현대화의 과정에 아쉬움도 많이 남는다. 전통 유산을 제대로 지키고 보존하지 못해 유구한 역사에 비해 관광자원이 많이 남아 있지 않다. 지난 과거의 아쉬움은 돌이킬 수가 없다. 앞으로 전통과 현대가 함께 어우러진 관광자원 개발과 확보에 많은 힘을 기울여야 할 것이다.

필자는 테마파크를 개발하는 일을 우연히 시작했지만, 우리나라에 아직도 이 분야의 일을 알고 철학을 이해하는 전문가들이 많이 부족하다고 생각하고 있다. 국가 간 경쟁력 확보를 위해서도 클린 산업으로서의 관광산업이 더욱 육성되어야 한다는 것에 공감한다면 그러한 일을 맡을 전문 인력들도 많아졌으면 하는 바람이다.

　　바라건대 가까운 미래에 다양한 관광자원들이 더욱 개발되고, 해외로부터 순유입이 더 많아지는 관광산업 흑자 국가로 성장해 가기를 바라며, 이 책이 조금이나마 관련 분야에서 일하는 사람들에게 곁에 두고 참고하는 데 도움이 되고, 일반 독자들에게는 새로운 시각에서 테마파크를 즐길 줄 알게 되기를 바라는 마음이다.

부록 1.

KPI(Key Performance Index)

어트랙션
이용만족도 평가
이용률
수용력(THRC-OHRC)
연간 운행 가동률

상품점
매장 침투율(penetration rate)과
　구매율
매장 매출액
매장 순이익
재고율
평당 매출/순이익

식음시설
HMC(hourly meal capacity)
매장 매출액
매장 순이익
평당 매출/순이익

경영 성과
연간 입장객
매출 총액
순이익률

운영 부문
고객 만족도(파크 전체, 세부 시설별)
재방문 의향률
타인 추천 의향률
VOG(voice of guest)
이직률(turn over rate)

부록 2.
테마파크 주요 용어

admissions control 입장 제한
일정 퀄리티를 유지하고 운영할 수 있
도록 파크 내 손님들이 일정수를 넘었
다고 판단되었을 때 당일권 판매를 종
료하여 입장객 수를 제한하는 것. 당일
권 판매창구 관리통제(window control)
라고도 함

aging 에이징
새로운 것을 낡아 보이게 하는 기법

animated props
애니메이티트 프롭스
움직이는 소도구나 설치물

annual Passport 연간 회원권
얼굴사진 등 ID 확인이 되는 연간 유효
한 입장권

annual report 연차 보고서
대차대조표, 손익계산서, 그 밖의 관련
재무제표를 포함한 보고서로, 주주나 증
권거래위원회에 배부하는 것

apron stage 에이프런 스테이지
객석으로 튀어나와 있는 무대

architectural footprint 설치 면적

area supervisor 지역 담당자
파크운영에 있어서 일정 구역의 담당 업
무를 책임지는 자

as-built documentation/drawing
애즈빌트 도면
제조·건설의 원안에 현장에서의 변경을
수시 반영해서 만든 도면

assembly drawing 조립도

atmosphere entertainment
앳모스피어 엔터테인먼트
상설스테이지가 아닌 테마 쇼의 일부로
서, 손님과 함께 또는 손님 주위에서 행
해지는 연주나 쇼

attendance 입장객 수

attendance control 입장 제한
일정 퀄리티를 유지하면서 운영할 수
있도록 파크 내 손님 수가 일정수를 넘
어간다고 예상될 때, 당일권 판매를 중
지하고, 예약권을 소지한 손님에게만 티
켓을 판매하는 파크 운영 방침으로 입
장객 수를 제한하는 것

attendance projection
입장객 수 예측
입장객 수를 과거의 통계, 계획된 이벤트 등에 의거해서 추측

attraction   어트랙션
넓은 의미로 탑승물(rides)뿐만 아니라 각종 이벤트나 쇼 또는 캐릭터 등 파크에 매력을 느끼게 해주는 '매력물'을 가리키나, 일반적으로 좁은 의미의 라이드 어트랙션, 즉 유기시설(놀이기구)을 의미하는 것으로 사용

attraction clear   어트랙션 클리어
어트랙션에서 게스트 전원이 없어지는 상황 또는 전원 퇴장시키는 조치

audience   관중
테마파크를 극장에 빗대어 표현한 방문객을 의미

automatic emergency stop (AES)
자동 긴급 정지
긴급한 때에 어트랙션을 자동적으로 정지시키는 것, 그 장치

automatic ride stop (ARS)
자동 라이드 정지
안전을 위해서 라이드의 움직임을 자동적으로 멈추게 하는 것, 그 장치

automatic station stop (ASS)
자동 승하차장 정지
안전을 위해 스테이션에서 라이드의 움직임을 자동적으로 멈추게 하는 것, 그 장치

availability (std. cast availability)
근무 가능 시간대
직원이 근무 가능한 기간, 시간대, 요일 등

awareness rate   인지율
신규 어트랙션이나 스페셜 이벤트에 대한 손님의 인지도를 표현한 수치. 어트랙션이나 스페셜 이벤트에 관해서 "오기 전부터 알고 있었다"라는 응답수를 총 샘플 수(인지율의 질문을 한 샘플의 수)로 나눈 것으로 산출

BGM (back ground music)
배경 음악
환경의 분위기를 고조시키기 위한 배경 음악
주목적이 음악감상이 아닌 환경연출의 일부로써 제공되는 음악

BGS (back ground sound)
배경 효과음
환경의 분위기를 고조시키기 위한 효과음으로 가상의 소리 등을 의미함(Effect, Sound FX라고도 함)
ex) 동물소리, 물소리, 파도소리 등

barrier-free　배리어 프리
물리적, 심리적, 사회적 장애가 없는 것

berm　범
파크 주변에 조성된 성토. 바깥에서 파크를 차단하는 역할을 한다. 이 위에 수목을 심어, 밖으로부터의 시각적 간섭을 방지

bird's eye view　조감도
높은 곳에서 넓은 지상을 내려다보는 것처럼 그린 도면

break-even analysis
손익분기점 분석
수지가 균형한 곳의 매상고를 계산하는 재무 분석

buffer　버퍼
식품의 결함을 예방하기 위한 안전 재고량. 예상 외의 물품 부족을 일으키는 위험성을 방지하기 위한 가산 발주분을 의미

buffeteria　뷔페테리아
뷔페와 카페테리아 양방을 취급하는 식당시설의 형식. 손님이 각자 좋아하는 메뉴를 트레이에 담아, 마지막에 정산

canopy　캐노피
장소나 차량 상단의 덮개

canteen　캔틴
간단한 식사와 음료를 제공하는 카운터 서비스 매장

capacity　수용 인원
어트랙션/시설의 수용 능력

casting　캐스팅
배역에 맞는 사람을 찾아내는 전형으로, 그 역에 어울리게 배치하는 것. 테마파크에서는 캐스트는 쇼에 불가결한 일부로 간주하기 때문에 각자에게 적합한 역할을 분배하는 것을 의미

casting center　캐스팅 센터
테마파크나 리조트에서 일할 캐스트를 채용하는 본부

catwalk　캣 워크
높은 곳의 점검·수리를 하기 위한 좁은 보행 도로. 비상시에는 피난로로도 사용. 고양이가 걸을 수 있는 좁은 통로에서 유래

character　캐릭터
애니메이션 영화나 어트랙션 등에 등장하는 동물, 물건, 인형. 대부분이 "인격"

을 가진 것처럼 의인화되어 그려짐

clearance envelope　건축 한계
3차원 건물을 지을 때에 확보하여 걸림
이 없어야 하는 공간. 어트랙션 탑승자
가 손을 뻗었을 때 구조물에 닿지 않는
지 확인되어야 하는 공간

cycle　사이클
어트랙션의 탈것, 또는 쇼가 한 번 돌아
가는 것

cycle time　사이클 타임
게스트의 탑승시간을 포함해서 유닛이
어트랙션을 일주하는 데 필요한 시간

dark ride　다크 라이드
조명이 어두운 실내형 어트랙션

demand factor　수요율
어느 시설에서 현 이용자 수에 대기인
원을 더한 수(집중인원수)가 파크 전체
의 체류자수 대비 차지하는 비율.
수요율=(집중인원수÷체류자수)×100

demographics　인구학적 통계
조사, 통계할 때의 표본 대상자들의 연
령, 성별, 거주지 등의 분포. 시장을 정
할 때에 사용

diorama　디오라마
색체를 이용한 3차원의 무대 배경

dispatch　디스패치
탈 것(어트랙션), 퍼레이드(엔터테인먼트)
를 보내는 것

dispatch interval　디스패치 인터벌
탈 것이나 퍼레이드의 내보내는 간격

double standard　이중 기준
상충하여 파크 환경 품질에 대한 일관
성을 저해하는 상황과 요소를 의미

downtime　다운타임
어트랙션이 운영할 수 없는 상태(브레이
크다운)에 있는 실질적인 시간. 브레이
크다운 발생부터 복구까지의 소요 시간

drops　매달린 물건
구조물에 매달려 있는 기구

duty manager　듀티 매니저
파크 운영과 관련해서 미리 정해 놓은
범위에서 "듀티 업무"를 집행하는 자

duty supervisor　듀티 슈퍼바이저
미리 정해둔 범위 내에서 과내의 특정
한 업무(복수의 매니저를 둔 과에서는
각 매니저의 소관 단위 내의 특정업무
영역)의 "듀티 업무"를 처리하는 자

early close 조기 폐장
궂은 날씨 등으로 인해 예정 시각보다
빨리 폐장하는 것

**emergency action procedures
manual** 비상사태 조치 매뉴얼
긴급 시에 해야 하는 조치에 대해 정리
한 매뉴얼

emergency broadcast system
비상용 방송 설비
비상사태를 알리기 위한 방송 기기

enhancement 개선, 개량
시설물의 개선 공사

E stop (std. emergency stop)
긴급 정지
어트랙션이나 쇼를 긴급정지 하는 것

evacuation 이베큐에이션
긴급 시에 어트랙션 등으로부터 손님을
피난시키는 것

facade 파사드
건물의 정면부

face character 페이스 캐릭터
백설공주, 신데렐라 등 연출자가 자신의
얼굴을 보여 주는 캐릭터로 탈이나 마
스크를 쓰고 얼굴을 가리는 것과 비교됨

feasibility study 실행가능성 조사
어느 상황, 계획 등에 관한 실행가능성
과 조건의 바람직함에 대한 조사나 연
구. 경영자가 결단을 내릴 때 참고자료
가 되는 손익분석 등이 통상 포함

figure 피큐어
인물이나 의인화된 캐릭터, 동물 실사
등의 동형(同形) 조형물

financial statement 재무 보고서
대차대조표, 손익계산서를 포함한 재무
활동을 보고하는 보고서

first in, first out 선입 선출
수납한 날짜가 오래된 물건(먼저 넣은
것)부터 먼저 사용하는 것

floor plan 평면도

forced perspective 원근법
건물, 식재, 세트 등을 상방, 후방에 어
느 정도로 축척을 작게 하여 높이와 깊
이를 표현하는 수법

foyer 포이어
극장, 호텔 등의 휴게실, 현관의 큰 방

full capacity 최대 수용력
통상 운영 시, 어트랙션과 쇼가 수용할
수 있는 최대 손님수, 또는 최대 수용자
수로 운영하고 있는 상태

garnish 가니쉬
요리에 장식하는 고명

grain 그레인 수법
실제로는 금속으로 만들어진 쓰레기통
과 현금출납기가 천연목재로 만든 것처
럼 보이게 하는 페인트 기술

greeting 그리팅
손님을 환영하는 것. 캐릭터 그리팅은
캐릭터가 손님을 맞이하는 것을 말함

guest 손님
테마파크를 방문한 손님을 가리키는 단
어. 일반적으로 사용되는 customer(고객)
와 달리 초대 받은 손님으로 인식

**guest flow study
게스트 플로우 조사**
손님의 통행량과 통행 패턴을 분석하기
위한 조사

guest services 게스트 서비스
손님 응대, 접객 방법

**hazard analysis critical control
point evaluation (HACCP)
위해 분석 중요 관리점 평가**
가공식품에 관해서, 위해분석에 의해 원
료에서 제조공정에 걸친 문제점을 리스
트화하여 중요 관리점에 대한 처리 방
법을 명확화 한 것

hoist 호이스트
중량이 있는 물건을 감아올리는 장치

hold time 홀드 타임
어트랙션에서 손님이 탈것에 올라타고 나
서 디스패치 하기까지의 소요되는 시간

**hourly meal capacity (HMC)
시간당 식사 제공량**
1시간당 제공 가능한 식당시설에서의
서비스 허용량/수

hub (std. plaza) 허브
파크의 중앙지역. 통칭 「허브」라고 불리
지만 「플라자」가 정식 명칭. 바퀴의 바
퀴살처럼 각 테마존에 연결되어 길이
뻗어 나가는 것처럼 보인다는 데서 유
래하여 허브라고 불림

Imagineer   이매지니어

상상력을 살려서 디즈니의 테마쇼를 창조, 디자인, 기획하는 사람들(Imagine 상상+Engineer 기술가의 디즈니 식 합성어)

incremental attendance
추가 집객

스페셜 이벤트 등을 함으로써 실시되지 않을 때와 비교하여 증가한 손님 수

influenced attendance rate
목적 방문률

신규 어트랙션과 스페셜 이벤트를 인지하고 있던 손님의 내장 목적 정도를 나타낸 수치. 어트랙션, 스페셜 이벤트의 체험을 내장 목적으로 하는 회답 수를 총 샘플 수로 나눈 것으로 산출

in-Park attendance
인파크 입장객 수

어느 시점에서의 파크 내 체류 손님 수

instant capacity maximum (ICM)
순간 최대 체류객 수

intellectual property (IP)
지적 소유 재산권

발명, 디자인, 소설 등 정신적 창작 노력의 결과로서의 지적 성과물을 보호하는 권리의 총칭. patent(특허권), design(의장권), trademark(상표권), copyright(저작권)을 포함

job description   직무 기술(記述)

직무 내용, 자격·조건, 목적 등의 개요

job opening   구인

고용할 인재를 모집하는 것

Job Sequence Sheet
잡 시퀀스 시트

업무 처리 순서를 정리한 문서

landscaping   조경

초목, 꽃 등 식물을 식재하고 꾸미는 일

lap bar   랩 바

손님을 승물(vehicle)의 좌석에 고정하기 위해 무릎 위를 가로지르는 바

lead time   리드 타임

1) 제품 고안에서 생산 개시(완성, 사용)까지의 시간
2) 발주에서 배달까지의 시간
3) 기획에서 실시에 이르기까지의 기간

line-cut　라인 컷
어트랙션, 그 외 시설에서 입장을 규제/
제한하기 위해 행렬을 일정 지점에서
잘라 그 이상 손님을 세우지 않도록 하
는 것

live entertainment
라이브 엔터테인먼트
오디오 애니메트로닉스와 영상에 의한
엔터테인먼트가 아니라 인간이 실제로
관객 앞에서 행하는 음악과 퍼포먼스

load area　로드 에어리어
어트랙션에서 유닛(승물)에 타는 장소

load time　로드 타임
어트랙션에 있어 보트와 승물에 손님을
안전하게 올라타게 하는 데 필요한 시간

lost & found　유실물 센터
분실된 물건의 습득, 보관, 확인 등 관리
를 하는 시설

main entrance　정문 출입구
파크 출입구(입퇴장 게이트) 인근 구역.
인포메이션, 티켓팅 등 서비스 시설이
있음

main street　메인 스트리트
정문 출입구 안쪽부터 플라자를 향해

뻗어 있는 길

maintenance　유지보수
사양변경이 없는 기존 시설물의 유지보
수 작업.
일일(daily), 정기(regular), 예방(preven-
tive), 주기(cycling)적으로 시행한다.

master plan　마스터 플랜
시설의 증설, 보수 등 향후 개발의 근원
이 되는 계획

merchandiser (MD)　머챈다이저
상품 기획 및 매입을 담당하는 사람. 통
상 MD라고 불림

mock-up　목 업
어트랙션과 시설, 탈것 등의 본체를 실
제로 만들기 전에 시험적으로 만드는 모
형. 시스템과 장치의 시험 제작도 포함

Monitoring　모니터링
파크의 품질 유지 및 테마 저해요소 발
굴을 위한 점검.
정기적인 점검과 필요시 점검으로 나뉨

night mode　나이트 모드
어트랙션이 운영 중이 아닌 상태와 정
지 상태. 통상 야간은 운영을 하지 않고
있기 때문에 이렇게 불리게 됨

non-regular days 특이 일
예측 입장객 수가 많아, 입장 제한이 예
상되는 날. 파크 운영 캘린더에 표시

omnimover 옴니무버
한대 한대가 연결되어 있고 어트랙션
내를 이동하는 사이에, 승객이 여러 가
지 방향을 볼 수 있도록 좌석의 방향이
바뀌는 승물

on stage 온 스테이지
파크 내의 손님에게 개방되어 있는 모
든 곳(반대말 backstage)

**on-the-job training (OJT)
직장 내 현장 연수**
실제 업무 수행에 필요한 지식, 기능을
현장에서 익히게 하는 직원 연수방법

**operational hourly ride capacity
(OHRC) 운영상의 실제 시간당 라이
드 수용력**

**park utilization report
(혹은 research) (PUR)**
파크 이용행태 보고서(조사)
파크 시설의 손님 이용률 등 최적의 파
크 운영을 해 나가는 데 필요한 여러 가
지 조사를 의미하거나 그 결과를 정리
한 보고서

peak time 첨두 시간대
서비스에 대한 수요가 최고조에 달한
시간. 입장객이 많이 몰리는 시기

**peak in-park attendance
첨두 파크 입장객 수**
하루 중 최고 파크 체류자 수

picnic area 피크닉 에어리어
손님이 지참한 음료수와 도시락을 먹을
수 있게 제공되는 장소

plaza 플라자
파크의 중앙 지역

**POS (point-of-sale) system
포스 시스템**
판매시점 정보관리 시스템. 소매점포의
매장을 끝으로 해서 본사 등의 컴퓨터
와 연결함으로써 판매시점에서의 데이
터를 입력하고 상품관리를 하는 시스템

**post facility experience survey
시설 이용 후 조사**
신규시설 등에서 체험한 손님에게 퇴장
시 질문지를 건네고 후일 우송으로 회
답 받거나 현장에서 면대면으로 평가를
받는 조사. exit survey라고도 함

postshow 포스트 쇼
어트랙션에서 메인 쇼 후에 체험을 연
장하는 쇼

preshow 프리 쇼
어트랙션에서 메인 쇼 전에 기대감을 높
이고 스토리텔링을 이해하도록 하는 쇼

press kit 프레스 키트
프레스(보도관계자)에게 배포하는 프레
스 릴리스와 사진 등의 자료 일식

press release 프레스 릴리스
신규 어트랙션 등을 언론에 알리기 위
해 바로 기사로 쓸 수 있도록 문장으로
정리한 광고부서가 제공하는 공표 자료

projected attendance
예상 입장객 수
통계(과거 입장객 수)에 기초해 산출하
여 예측한 입장객 수

props 프롭스
테마연출을 위한 소품.
무대 소도구. 파크 내 로케이션과 구역
테마, 캐릭터, 장식에 사용하는 물건과
소도구의 총칭

prototype 프로토타입
새로 제작될 기종의 실제 크기로 만들
어진 모형으로 상용화의 목적이 아닌
연구용으로 사용되는 것을 의미. 이것을

연구하여 실제 시제품을 생산

punch list 펀치 리스트
새 시설을 오픈하는 데 필요로 하는 모
든 사항 또는 공사 잔처리에 대해 실사
를 통해 리스트 업 한 것

queue line 큐 라인
어트랙션, 쇼, 시설에 들어갈 때 생기는
대기 행렬

queue area 큐 에어리어
손님이 어트랙션과 식음시설에 들어가
기까지 줄을 지어 기다리는 장소. 상설
과 가설, 옥내와 야외가 있음

readmission ticket 재이용권
어트랙션에서 브레이크다운이 발생했을
때 다시 체험할 수 있도록 손님에게 배
포하는 티켓

re-entry gate 재입장구
입장당일에 한해 재입장이 가능한 출입구

rehab
리햅 (rehabilitation의 줄임말)
사전에 설정한 스케줄에 근거하여 어트
랙션, 시설을 폐쇄하여 전체적인 원복

정비 작업을 하는 것

rock work 인공 바위 작업
자연 바위산을 강철과 시멘트로 본 따 만든 것

rotation (std. work rotation)
로테이션
규칙적으로 포지션을 교대해서 브레이크와 점심식사 등에도 상시 인원이 배치될 수 있도록 근무 순환하는 일

SCSE
safety, courtesy, show, efficiency
안전, 공손, 연기, 효율
디즈니의 4가지 경영 철학
애매한 상황에서 근무자들이 따라야 할 우선순위(예, 고객이 심각한 위험에 처한 상황에서는 공손함보다 단호한 대처가 앞서야 한다)

shop drawing 샵 드로잉
제작 혹은 시공 업자가 Art Shop에서 필요한 디테일, 용적을 써내는 분야별 상세한 도면

show 쇼
파크 전체를 스테이지로 생각해 거기에서 나타내고 행해지는 모든 것을 의미.
테마파크는 모든 것이 테마 쇼라고 하

는 관점으로 생각해 조성

show control unit (SCU)
쇼 컨트롤 유닛
오디오 애니메트로닉스의 중심이 되는 컴퓨터 시스템. 애니메이션과 오디오의 재생과 동기화(synchronize)를 제어

slow close 슬로우 클로즈
폐장시간에 대기 라인을 끊어 실질 폐장시간이 연장되는 것. 통상은 폐장시간보다 일찍 마지막 손님이 어트랙션/시설에 입장할 수 있도록 적정 시간에 라인 컷을 함

slow open 슬로우 오픈
예정되어 있는 시설의 오프닝 시간을 늦춰서 오픈하는 것

slow season 슬로우 시즌
파크 입장자수가 적어지는 시기

soft cost 소프트 코스트
디자인 프로세스에 관계되는 비용(공사/제작 hard cost)

solely influenced attendance
순수 목적 방문자 수
순수 목적률을 실 입장객 수(기간 내장객 수)로 바꾸어 나타낸 수치

**solely influenced rate
순수 목적 방문률**
질문을 통해 진성의 내장 목적 정도를 파악하고자, 신규 어트랙션, 스페셜 이벤트를 목적으로 내장한 손님의 비율을 조사하는 것.

souvenir merchandise 기념 상품
키홀더, 포스터, 포스트 카드, 뱃지, 스티커, 문방구 등 비교적 작은 물건으로 특정 장소 방문을 기념할 수 있는 것들을 의미

special effects (SE) 특수 효과
가스 방출(냄새, 열, 바람 등), 영상 효과, 소리, 빛 등의 특수한 상황을 연출

**sponsor family day
스폰서 패밀리 데이**
스폰서 기업의 직원과 가족들을 위한 복리후생과 행사기념을 목적으로 한 특별 프로그램이 이루어지는 날

sponsor lounge 스폰서 라운지
후원금 참가 기업이 업무상 사용하기 위해 어트랙션 등의 인근에 설치되어 있는 전용 라운지

staff 스탭
공연에 관계하는 근무자

stanchion 스탠션
손님 컨트롤을 위해 쓰는 로프 또는 체인의 지주(기둥). 지면에 준비된 스탠션 홀에 끼워 넣어 사용하는 것과 기본 붙임의 것이 있음

stanchion cart 스탠션 카트
스탠션을 옮기기 위해 사용하는 카트

standard operating procedures (SOP) 표준 운영(작업) 절차
업무를 해 가는 중에 따라야 할 가이드라인, 수순

**Standard Operating Procedures manual
표준 운영(작업) 절차 매뉴얼**
테마파크나 리조트 운영의 작업 수순과 역할의 기준을 나타낸 매뉴얼

standard recipe 표준 레시피
일정 품질의 요리를 일정 분량 조량하는 데 기준이 되는 레시피. 재료, 분량, 조리법, 플레이트 프리젠테이션의 사진 등이 기재되어 있음. current recipe라고도 함

**starlight passport
스타라이트 패스포트(야간권)**
저녁 5시 이후 모든 어트랙션에 사용할 수 있는 패스포트 티켓

story behind the story
스토리 비하인드 더 스토리
어트랙션, 시설의 배경이 되는 스토리

stroller parking   **유모차 놓는 곳**

supervisor   **슈퍼바이저**
파크 운영에 있어 매니저 옆에서 업무
를 처리하고 또 에어리어 슈퍼바이저에
서 위임된 업무를 대행하는 사람. 워킹
리드의 직속 상사로 현장 운영의 지휘
감독자

table service restaurant
테이블 서비스 레스토랑
손님이 자리에 앉은 후 캐스트가 주문
을 받아 식사를 테이블까지 서빙하는
타입의 레스토랑

target market   **타깃 시장**
지역, 연령, 성별, 조직단체 등 마케팅
활동을 전개하는 데 대상이 되는 주요
시장

temporary queue area
임시가설 대기 공간
상설 큐 에어리어가 가득 차게 된 경우
손님 컨트롤을 위해 확장된 큐 에어리어

theater type attraction
극장형 어트랙션

theme music   **주제 음악**
테마 스토리 및 컨셉을 바탕으로 제작
한 음악으로 특정 지역, 어트랙션 등의
주제가 되는 대표 음악(참고 BGM)

theme park   **테마파크**
특정한 테마와 스토리를 설정하고, 이
에 따른 제반 환경인 건축, 조경, 놀이시
설, 식음, 상품, 이벤트, 음향, 음악 등을
연출하여 운영하는 파크의 한 형식

theming   **테마화**
존, 어트랙션, 시설을 특정한 때, 장소,
스토리, 테마에 기초하여 창조하는 것

theoretical hourly ride capacity
(THRC)
이론적 시간당 라이드 수용력
어트랙션이 한 시간당 수용할 수 있는
이론상의 손님 수로 보통 제작자에 의
해 제공되는 수치

thrill ride   **스릴 라이드**
롤러코스터 타입의 어트랙션으로 스릴
(전율)이 주 경험이 되는 탈 것

topiary   **토피어리**
동물 모양 또는 기하학적인 디자인으로
성장시키거나 깎아 다듬는 식목

total daily attendance
일일 총 입장객 수
입장료를 지불했는지 아닌지와 관계없
이 파크에 당일 입장한 총 손님 수

turn over   회전율
인력의 회전율. 인재의 채용, 배치, 보직
전환, 퇴사. 캐스팅에서는 주로 퇴직에
의한 인재 회전율을 가리킴

turnstile   회전식 개찰구
정문 출입구와 어트랙션의 입구에 있는
장치. 바를 밀어서 회전하는 것에 의해
손님 수를 측정할 수 있음. 최근에는 전
자식 센서로 대치되고 있음

turntable type ride
턴 테이블 라이드
회전하는 대 위에 유닛(승물)이 있어 돌
아가며 즐기는 어트랙션

unit   유닛
boat, cabin, vehicle 등 어트랙션에서
손님을 태워 옮기는 수단이 되는 것의
총칭

unload area   언로드 에어리어
어트랙션에서 손님이 기구에서 내리는
장소(하차장)

value engineering (VE)
가치 공학, 밸류 엔지니어링
제품의 제조나 건축물의 축조에 관해
최소 비용으로 목적한 기능과 품질을
얻기 위한 설계와 검토 과정으로, 제조
및 건축 공정의 분석을 의미

vehicle   승물
탈 것. 어트랙션에서는 유닛과 동의어로
사용되는 경우도 있으나 유닛이 좀 더
포괄적 의미

wait time   대기시간
어트랙션과 시설에 손님이 입장할 수
있기까지의 대기시간

wait time sign   대기시간 사인
손님에게 대기시간을 알리는 사인물로
어트랙션 입구, 내측 대기동선상에 일정
간격으로 설치되고 수동(매뉴얼) 혹은
자동(전자식)으로 운영

walk-through   워크 스루
어트랙션, 시설이 적절하게 운영할 수
있는 상태로 되어있는지 실제로 걸어
다니면서 점검확인하는 것

walk-through type attraction
워크스루 타입 어트랙션
탈 것 등을 이용하지 않고 걸어서 체험
하는 어트랙션

Walt Disney Imagineering (WDI)
월트 디즈니 이매지니어링
테마파크 디자인, 쇼 디자인, 지역 개발,
마스터 플랜 수립 등을 담당하는 Disney
Enterprises, Inc.의 자회사로 브레인 역
할을 함

work Request   **작업 의뢰서**
현장 기능 향상을 목적으로 하는 공사,
설비의 추가 공사, 현상 복구를 목적으
로 한 공사 의뢰서

working drawing   **제작 도면**
실물을 만들기 위해 상세한 것까지 개발
된 도면. 건축가, 엔지니어가 바라는 대
로의 모양을 나타내는 것으로 이것을 기
초로 시공자 혹은 제작자에게 견적을 냄

[저자 약력]

서정대

서울대학교 사회과학대학 인류학 전공 (Bachelor)
서울대학교 행정대학원 정책학 전공 (Master)
캘리포니아 주립대 지역개발학 전공 (Master)
삼성에버랜드 파크개발기획
SM엔터테인먼트 복합공간기획
송산그린시티 국제테마파크 조성사업 개발기획
대명그룹 신규사업 개발기획

Email: seojd71@hanmail.net
책 내용과 관련하여 궁금하신 점 문의하시면 답장 드리겠습니다.

테마파크 기획 실무자를 위한 가이드북

초판발행	2021년 1월 10일
지은이	서정대
펴낸이	안종만 · 안상준
편 집	전채린
기획/마케팅	김한유
표지디자인	박현정
제 작	고철민 · 조영환
펴낸곳	(주) **박영사**
	서울특별시 금천구 가산디지털2로 53, 210호(가산동, 한라시그마밸리)
	등록 1959. 3. 11. 제300-1959-1호(倫)
전 화	02)733-6771
f a x	02)736-4818
e-mail	pys@pybook.co.kr
homepage	www.pybook.co.kr
I S B N	979-11-1134-0 93320

copyright©서정대, 2021, Printed in Korea

* 파본은 구입하신 곳에서 교환해 드립니다. 본서의 무단복제행위를 금합니다.
* 저자와 협의하여 인지첩부를 생략합니다.

정 가	19,000원